象山语录

[宋] 陆九渊 撰

杨国荣 导读

上海古籍出版社

图书在版编目(CIP)数据

象山语录 /(宋)陆九渊撰;杨国荣导读.—上海:
上海古籍出版社,2020.5(2023.7重印)
(天地人丛书)
ISBN 978-7-5325-9622-5

Ⅰ.①象… Ⅱ.①陆…②杨… Ⅲ.①陆九渊(
1139—1193)—哲学思想—研究 Ⅳ.①B244.85

中国版本图书馆CIP数据核字(2020)第073056号

天地人丛书

象山语录

【宋】陆九渊 撰

杨国荣 导读

上海古籍出版社出版、发行

(上海市闵行区号景路159弄1-5号A座5F 邮政编码201101)

(1)网址: www.guji.com.cn
(2)E-mail: guji1 @ guji.com.cn
(3)易文网网址: www.ewen.co

启东市人民印刷有限公司印刷

开本 850×1168 1/32 印张3.5 插页3 字数70,000
2020年5月第1版 2023年7月第4次印刷
ISBN 978-7-5325-9622-5

B·1147 定价: 16.00元
如有质量问题,请与承印公司联系

出版说明

儒家自孔子开派以来，留意的是修齐治平之道、礼乐刑政之术，其间虽有仁义中和之谈，但大抵不越日常道德之际。汉唐诸儒治经，大多着重名物训诂、典章制度，罕及本体。及至宋儒，始进而讨究原理，求垂教之本原于心性，求心性之本原于宇宙。故原始儒学的特色是实践的、情意的、社会的、人伦的，而源于宋、延及明清的儒学（即宋明理学）的特色则是玄想的、理智的、个人的、本体的。

北宋周敦颐作《太极图说》，阐发心性义理之精微，奠定了理学的基础。此后理学昌盛，大致可分三大系统：二程（程颢、程颐）、朱熹一系强调"理"，陆九渊（象山）、王守仁（阳明）一系注重"心"，张载、王夫之（船山）一系着眼"气"。清初颜元（习斋）初尊陆王，转宗程朱，最终回归原始儒学，以"实文、实行、实体、实用"为治学宗旨。

《天地人丛书》选取宋明及清初诸位大儒简明而有代表性的著作凡8部，具体如下：

1. 周子通书

北宋周敦颐字茂叔,世称濂溪先生。他继承了《易传》和部分道家、道教思想,提出一个简单而有系统的宇宙构成论:"无极而太极","太极"一动一静,产生阴阳万物;圣人模仿"太极"建立"人极";"人极"即"诚","诚"是道德的最高境界。周敦颐的学说对以后理学的发展产生极大影响,他的代表著作《通书》不仅蕴涵丰富的义理,而且浑沦简洁,为后人提供了广阔的想象与阐释空间,被后世奉为宋明理学首出之经典。

本书以清道光二十六年(1846)何绍基刻《宋元学案》本为底本排印。书后附相关文献六种:《太极图》《太极图说》《朱子论太极图》《朱子论通书》《朱陆太极图说辨》《梨洲太极图讲义》。

2. 张子正蒙

北宋张载字子厚,世称横渠先生。张载提出"太虚即气"的理论,肯定"气"是充塞宇宙的实体,"气"的聚散变化形成了各种事物现象。张载一生著述颇丰,有《文集》《易说》《春秋说》《经学理窟》等,《正蒙》是他经过长期思考撰成的著作,是其哲学思想的最终归结。因此,该书不仅受到理学家的推崇,其他学者也十分重视。

本书以清同治四年(1865)金陵书局刻《船山遗书》本《张子正蒙注》为底本排印,除《正蒙》原文之外,还收录了明末清初王夫之的注释。

3. 二程遗书

程颢字伯淳,世称明道先生。程颐字正叔,世称伊川先生。兄弟俩同为北宋理学的奠基者,后世合称"二程"。程颢之学以"识仁"为主,程颐之学以"穷理"为要,他们的学说后来为朱熹所继承和发展,形成了程朱学派。《二程遗书》较为全面地体现了二程理学思想。该书反映了以程颢、程颐为首的北宋洛学的思想特征,也反映了二程的历史观点。

本书以清同治十年(1871)涂宗瀛刻《二程全书》本为底本。书后附《明道先生行状》《墓表》《门人朋友叙述并序》《伊川先生年谱》等相关文献。

4. 朱子近思录

南宋朱熹发展了二程关于理气关系的学说,集理学之大成。他的著作在明清两代被奉为儒学正宗,他的博学和精密分析的学风也对后世学者影响巨大。《近思录》十四卷,是朱熹在另一位理学大师吕祖谦的协助下,采撷周敦颐、程颢、程颐、张载四先生语录类编而成。此书借四人的语言,构建了朱熹简明精巧的哲学体系,被后世视为"圣学之阶梯""性理诸书之祖"。

本书以明嘉靖年间吴邦模刻本为底本。书后附《朱子论理气》《朱子论鬼神》《朱子论性理》三篇,均摘自《朱子语类》。

5. 象山语录

南宋陆九渊,世称象山先生,他提出"心即理"之说,认为天理、人理、物理即在吾心之中,心是唯一的实在。《语录》二卷集中反映了他的思想特征。

本书以上海涵芬楼影印明嘉靖间刻《象山先生全集》本为底本。

6. 阳明传习录

明王守仁,世称阳明先生,他发展了陆九渊的学说,形成"陆王学派",主张用反求内心的修养方法"致良知",以达到"万物一体"的境界。《传习录》三卷,是王阳明心学的主要载体。

本书以明隆庆六年(1572)谢廷杰刻《王文成公全书》本为底本。

7. 船山思问录

明末清初的王夫之,字而农,世称船山先生。他对心性之学剖析精微,有极浓厚的宇宙论兴趣,建构了集宋明思想大成的哲学体系;他不仅博览四部,还涉猎佛道二藏,工于诗文词曲。船山之学博涉多方,若要对其思想有一个鸟瞰式的把握,《思问录》可作首选。此书分为内外二篇,内篇是对自家基本哲学观点的陈述,外篇则是申说对具体问题的看法。《思问录》是船山学说主要观点的浓缩,可与《张子正蒙注》互相发明。

本书以民国二十二年（1933）上海太平洋书店排印《船山遗书》本为底本。末附《老子衍》《庄子通》二种。

8. 习斋四存编

清颜元号习斋，少时好陆王书，转而笃信程朱之学，最终又回归周孔，提倡恢复"周孔之学"。在学术上，和学生李塨一起，倡导一种注重实学、强调"习行""习动"、反对读死书的学风，世称"颜李学派"。被后人推崇为"继绝学于三古，开太平以千秋"的《四存编》，反映了颜习斋一生的思想历程。此书分"存性""存学""存治""存人"四编，作者的主要思想表现在"存性""存学"两编里，"存人编"则专为反对佛教、道教和伪道门而作。

本书所依底本为民国十二年（1923）四存学会排印《颜李丛书》本，该版本在民国时流传较广，但相较于康熙年间初刻本，略去若干序跋、评语。此次整理，将略去部分补足，以还初刻本之原貌。

本丛书每本之前，冠以专家导读，勾勒其理论框架，剔抉其精义奥妙，探索其学术源流、文化背景，以期在帮助读者确切理解原著的同时，凸现一代宗师的学术个性。同时，整套丛书亦勾画出宋明理学前后发展的主线，是问津宋以后儒学演进、下探当代新儒学源流必读的入门书。

目　录

象山语录导读

杨国荣

陆九渊（1139—1193），字子静，自号存斋，曾讲学于贵溪应天山，并将应天山易名为象山（《年谱》），由此又被称为象山先生。陆九渊一生不重著述，留下的大多是往来书信、单篇杂著及语录等。陆九渊死后，陆九渊的儿子将其论著编成《象山先生全集》，初为32卷，后陆续增加《语录》《年谱》等，成为36卷。在明正德以前，《语录》系另行，尚未编入全集，但从内容看，它却较集中地、多方面地反映了陆九渊思想的特征。

作为理学的一个重要分支，陆九渊思想的形成与发展，始终没有离开理学本身的衍化过程，事实上他的哲学在某种意义上即表现为对程、朱一系，特别是朱熹理学的回应；因此，欲把握其心学，便不能不对其批评对象——朱熹哲学作一考察。

一、陆九渊心学形成的理论背景

心性关系是理学所辨析的重要问题，正是对心性的关注，使理学常常被称为"心性之学"。在陆九渊以前，二程（程颢、程颐）和朱熹曾对心性关系作了较为系统的考察。

在程、朱那里，心泛指一般的精神活动及精神现象，并与人的感性存在相联系。二程说："在人为性，主于身为心。"（《二程遗书》卷十八）与身相对的心侧重于人类的本质，身则首先与个体的感性生命相联系。主于身既意味着心的灵明知觉对形体的制约，又蕴含着感性存在对心的渗入。

心作为灵明知觉与感性存在的统一，更多地表现为一种本然（本来如此的形态）。从本然到当然（应当达到的形态），便涉及心与理、心与性的关系。朱熹认为，心与理并不彼此分离："心与理一。"（《朱子语类》卷五）理与心的统一并不是指心与理彼此等同或融合为一，它具体展开为心具理："心包万理，万理具于一心。"（同上，卷九）所谓心具理，也就是理内在于心而主宰心。具于心之理，也就是性："理在人心，是之为性。"（同上，卷九十八）在程、朱那里，性和理的关系与心和理的关系颇有不同，性作为在心之理，与理具有同一性，在此意义上，程、朱一再强调性即理："性即理也，在心唤作性，在事唤作理。"（同上）心与理则更多地表现为一种包含关系，所谓心具众理、心包万理，都点出了此义。这种关系所侧重的主要是相互联系的两个方面：即心以理为内容，理为心之主宰。这样，按程、朱的看法，讨论性，诚然可说性即理（此"即"有合一义）；但谈到心，则不可在相同意义上说心即理。

　　在对心与性的内涵分别加以解说的同时，程、朱又对二者的关系作了规定。朱熹曾以太极和阴阳比喻性和心："性犹太极也，心犹阴阳也。"（《朱子语类》卷五）太极在程、朱那里常常被视为理的最高形态，阴阳则是气；正如在天道观上，理决定气一样，在心性关系上，性决定心。心与性的如上关系，往往被更简要地概括为"心以性为体"（同上）。可以看出，在心性之域，程、朱的注重之点更多地在于确立人性的至上地位。

　　从性为本体的前提出发，朱熹批评"以心来说性"（同上，卷四）。以心说性意味着将性还原为心，或者说，以心来规定性。与之相对，程、朱更倾向于化心为性。这一点，在以上分析中已不难窥见,而在人心与道心说中则可进一步看出。人心主要与人的感性存在(形体)相联系,道心则出于普遍的义理,并因此纯而又纯。就其以理为内容而言,道心与性相通,事实上,朱熹亦肯定了这一点:"性则是道心。"(同上,卷六十一)在程、朱看来,人心与道心的合理关系应当是人心听命于道心,而以道心为主则意味着化人心为道心:"以道心为主,则人心亦化而为道心矣。"(《答黄子耕》,《朱文公文集》卷五十一)就其内在逻辑而言,化人心为道心与化心为性乃是相互关联的两个方面,二者指向同一目标,即以理性本体净化感性之域。

如上倾向在程、朱的性情论中得到了进一步展示。情属于广义的心,作为心的一个方面,它处于感性经验的层面。心性关系的具体展开,便逻辑地涉及性与情的关系。在《颜子所好何学论》中,程颐提出了性情关系上的两种原则,即"性其情"与"情其性"。性其情之说最初出于王弼(参见王弼《周易·乾卦》注),其基本涵义是以性统情和化情为性;情其性则意味着以情抑制性。程颐吸取并发挥了王弼性其情之说,以此拒斥了情其性,情性关系上的这一原则,后来亦得到朱熹的一再肯定。与化人心为道心一样,性其情表现了理性本质的泛化趋向:所谓"性其情",实质上意味着情感的理性化。在这一过程中,与感性存在相联系的人之情开始失去了其相对独立的品格:它唯有在同化于普遍的理性本体之后,才能存在于主体意识。不难看出,性为心之体在此表现为理性本质对情感经验的消融。

程、朱以性即理、性为心之体、化心为性、性其情等展开了其心性说,其中的内在主题是建构性的本体地位。当程、朱以理为心之内容并相应地以性为心之体时,心已开始被化约为性,而通过化人心为道心、性其情等过程,心向性的泛化则获得了更具体的内涵。在程、朱那里,性的具体内容表现为当然之则:"性者,人之所受乎天者,其体则不过仁、义、礼、智之理而已。"(朱熹《孟子或问》,《四书或问》卷十四)这里的仁、义、礼、智即当然之则,它在本质上属理性规范,作为当然之则的内化,性所凸现的乃是普遍的理性本质。这样,性——理的一再提升与强化,其逻辑的指归便是确立超验的理性本体。从理论上看,理性是人不同于其他存在(例如动物)的本质之一,程、朱强调性即理,着重从理性的层面将人与其他存在(如禽兽)区分开来。然而,过分地突出理性的本体,也往往容易将人本身理解为抽象的存在。当朱熹要求以道心净化人心时,便多少忽视了现实的人所具有的丰富规定,而将其片面地视为理性的化身。从这种前提出发,人的多方面的发展便很难落实:理性的优先,趋向于抑制对感性存在以及情感、意志、直觉之维的关注,程、朱正是由此多少引向了本质主义。

心性关系上的以上思路,也体现于对外部世界的看法上。理学奠基人周敦颐曾作太极图,以此作为宇宙万物演化的基本模式。在《太极图说》中,周敦颐对这一宇宙图式作了如下概述:无极或无形之太极是万物存在的最高根据,这种终极的根据同时构成了宇宙之源;由无极和太极衍生出阴阳之气,阴阳之气又分化为金、木、水、火、土五行,由此进一步形成了春、夏、秋、冬四时的变化,天地万物的化生。可以看到,在周敦颐那里,存在的考察与宇宙论难分难解地纠缠在一起。

周敦颐的如上看法,在朱熹那里也得到了折射。与周敦颐相近,朱熹亦将无极(太极)理解为终极的存在(本体),并以此本体为阴阳之气的本源。按朱熹的看法,由经验现象(具体万物)向上追溯,则万物源于五行,五行产生于阴阳二气,阴阳二气又本于太极,故太极为万物的最终本源;自终极的存在往下推,则太极又散现于经验对象。"本""末"按其原意应属本体论范畴,但在朱熹那里,它们又与宇宙的生成过程联系在一起:万物被视为"末",太极则被视为"本";本体与现象、存在与根据这一类本体论的问题,与宇宙的起源、演化、构成等宇宙论的问题彼此交错,使朱熹对存在的考察与周敦颐一样,带有明显的思辨构造意味。

当然,较之周敦颐,朱熹的存在理论上又有其自身的特点。与周敦颐基本上停留于宇宙的生成图式有所不同,朱熹并不满足于仅仅提供一幅宇宙论的世界图景,而是试图从质料与形式的关系上对存在作出进一步的说明。在朱熹看来,世界是一个有序的结构,其中理、气各有自身的定位:"天地之间,有理有气。理也者,形而上之道也,生物之本也;气也者,形而上之器也,生物之具也。是以人物之生,必禀此理,然后有性;必禀此气,然后有形。"(《答黄道夫》,《朱文公文集》卷五十八)在万物的形成过程中,理的作用类似形式因,气则近于质料因;理作为事物的根据(形而上之道)构成了某物之为某物的本质,气则赋予某物以具体的外部形态。理、气(道、器)各有其功能,不可彼此越界。

理、气作为生物之本与生物之具,虽有不同功能,但在具体的对象(物)上,又彼此相依而不可相离。有气而无理,则物便缺乏内在根据;有理而无气,则物便难以获得现实性。广而言之,也可以说,理与气本身不可分:"天下未有无理之气,亦未有无气之理。"(《朱子语类》卷一)理与气的这种相互联系,首先表现为一种逻辑关系:从逻辑上说,既然理与气是具体事物二个不可或缺的条件,则说到理,气便在其中;同样,谈到气,理亦包含于内。

由此可以看到,朱熹对存在的考察大致表现为二重向度,即宇宙论的构造与逻辑的推绎;前者(宇宙论的构造)侧重于从世界的生成、演化过程说明存在,后者则更多地是从理气的逻辑关系上规定存在。这二重向度尽管着重点不同,但又蕴含着一种共同的趋向,即在人的认识活动(知)与实践活动(行)之外考察存在。这种就天道而论天道的进路,使朱熹很难摆脱思辨的走向。从理论上看,处于人的认识与实践领域之外的存在,可以归入本然界;对这种存在,我们除了说它是自在的或本然的外,无法作出更多的说明,而所谓自在或本然,也是相对于人的知与行而言。如果把注重之点仅仅指向这种处于知和行过程之外的本然界,并试图由此出发对存在作出说明,则总是无法避免思辨的构造。在朱熹的"宇宙论地说"与"逻辑地说"中,我们不难看到这一点。

考察存在的超验进路,也使朱熹的体系蕴含了难以克服的理论困难。如前所述,朱熹上承周敦颐而以太极为终极的本体（"万化之根"），作为万化之根，太极先于万物并超然于万物之上，这种看法很难避免世界的二重化。朱熹一再将作为万化根本的太极与具体对象区分开来：即太极超越于特殊时空，即并非存在于具体的时间和空间之中。正是太极这种超然于具体事物的性质，使之成为生物之本；一旦将其与具体事物混而为一，则太极便不成其为万化之根的本体。在这里，作为万化之根的太极与有形的特殊对象便处于两个序列，前者（太极）属形而上的本体界，后者（物）则属形而下的现象界；前者"是一个净洁空阔的世界，无形迹"（《朱子语类》卷一），后者则有形有迹而处于特殊的时空之中。从太极到二气、五行、万物的思辨行程，只是提供了一种宇宙生成的模式，而并没有真正解决形上之域与形下之域的对峙，如何统一这二重世界，是朱熹始终无法解决的理论难题。

　　宇宙论的构造是如此，理气关系的逻辑考察同样一开始便潜下了自身的问题。根据理与气之间的逻辑关系，有理便有气，气在则理亦含于其中，理气无先后可言。然而，在朱熹那里，由超验的前提出发，"宇宙论地说"与"逻辑地说"往往相互交错，而理气在逻辑上的共存与理气的生成关系，亦常常纠缠在一起。理生气，是一种生成关系；有气则理即在内，则是一种逻辑关系。二者所指本不相同，但朱熹却将其合而为一。与之相应的便是"理气无先后"与"理气有先后"这两种矛盾命题间的无穷徘徊："此本无先后之可言，然必欲推其所从来，则须说先有是理。"（《朱子语类》卷一）逻辑上的无先后与生成关系上的有先后构成了一个思辨的怪圈，而循沿超验的进路则始终难以走出这一怪圈。

与心性之辩上提升性体以及本体论强调太极对万物的主宰相应,在道德实践中,程、朱一系的理学更为注重天理对行为的制约。天理既有其本体论意义,又是伦理学领域的普遍规范,在程、朱看来,后一意义上的理即构成了道德行为所以可能的条件:道德实践即在于认识普遍之理,然后按照理而行。作为普遍的规范,理具有超验的性质。在解释"仁"这一规范时,朱熹具体地指出了这一点:"仁者,天之所以命我而不可不为之理也。"(《论语或问》卷一)"命"是天理对主体的外在命令。在此,作为行为者的我与作为普遍规范的天理,构成了相互对待的二极,而我的行为则表现为对普遍规范的自觉服从。

作为天之所命,规范已不仅仅是一种当然,而且同时具有了必然的性质:所谓"不可不为",便已含有必须如此之意。事实上,朱熹确实试图融合当然与必然,从如下所论,便不难看到此种意向:"君臣、父子、夫妇、长幼、朋友之常,是皆必有当然之则,而自不容已,所谓理也。"(《大学或问》卷二)自不容已,表现为一种必然的趋势,将当然之则理解为自不容已之理,意味着以当然为必然。作为自不容已的外在命令,天理同时被赋予某种强制的性质:遵循天理并不是出于自我的自愿选择,而是不得不为之,所谓"孝悌者,天之所以命我而不能不然之事也"(同上,卷一),即表明了此点。这种出于天之所命的行为,显然带有受制于外在命令的特点。

当然,在天之所命与自我的外在对峙之外,朱熹亦曾从另一角度讨论当然之则与自我的关系,在道心与人心说中,便可看到这一点。从形式上看,道心作为主体之中的理性规定,已取得了某种内在的形态,它对人心及行为的制约,也相应地似乎具有了主体"自我决定"的意义。不过,如果作进一步的考察,便不难看到,朱熹所谓道心,并不是本真的自我,作为天理的内化,它更多地带有超越个体的性质:道心与人心之分,同时也表现了超验之理与个体存在的对峙。朱熹要求人心绝对地听命于道心,意味着以内在化的普遍之理主宰人的行为选择;尽管规范的作用方式有内在与外在之别,但在肯定行为应无条件地服从普遍规范这一点上,二者又似乎并无二致。

程、朱要求行为出于普遍的理性规范,无疑注意到了道德行为应当是自觉的。这种看法避免了将道德实践混同于自发的冲动或感性的活动,并从一个方面突出了道德的崇高性及其尊严。然而,规范作为普遍的律令,又带有超验的性质,仅仅强调以普遍规范"命"我,不仅无法避免道德实践的他律性(被动地遵循外在命令),而且往往容易使行为趋于勉强而难以达到自然向善。事实上,在天之所命或道心之命的形式下,道德规范常常便成为一种强制性的律令,而出于规范则不免给人以服从异己律令之感。外在天理与主体的这种对峙,构成了程、朱理学内含的又一理论问题。

二、心学的趋向与问题

与朱熹将二程一系的理论在理论上加以完备化几乎同

时，陆九渊也形成了其心学体系。陆九渊虽然并未置身于理学思潮之外，但在不少问题上却与朱熹存在重要分歧。他们一再往返辩驳，就理气关系等展开论战。

陆九渊曾致书朱熹，对朱熹在理气关系上的观点提出批评，认为朱熹将阴阳之气仅仅视为形器，而把它排斥在道之外，表明不懂得道、器之分。这可以看作是对朱熹将理（道）归结为超验实体的责难。按陆九渊的看法，道与器是不可分割的，道并不存在于具体事物之外："道外无事，事外无道。"（《语录上》，《陆九渊集》）这种看法多少否定了朱熹将世界二重化的思维趋向。

在方法论上，陆九渊认为朱熹在治学过程中未能把握道："晦翁之学自谓一贯，但其见道不明，终不足以一贯耳。"具体而言，其问题主要表现在过于枝蔓。他曾致信朱熹，直截了当地对此提出批评："揣量模写之工，依放假借之似，其条画足以自信，其节目足以自安。"（《语录上》）以节目自安，也就是停留于具体枝节而不能从总体上见道。在赴鹅湖之会的途中所作的一首诗中，陆九渊更以"支离事业竟沉浮"相讥。这些议论显然是对朱熹执着于"铢分毫析"的治学方法而发。黄宗羲曾指出："先生（指陆九渊）之学，以尊德性为宗，谓先立乎其大，而后大之所以与我者，不为小者所夺，夫苟本体不明，而徒致工夫于外索，是无源之水也。同时紫阳（指朱熹）之学，则以道问学为主，谓格物穷理，乃吾人入圣之阶梯，夫苟信心自是，而惟从事于覃思，是师心自用也。两家之意见既不同。"（《宋元学案·象山学案》）尊德性与道问学的分野当然有多方面的涵义,从方法论上看,它首先便表现为明见心体与铢分毫析的对峙。

在伦理学与价值观上,陆九渊对天理与人欲的对立也颇为不满:"天理人欲之言,亦自不是至论,若天是理,人是欲,则是天人不同矣。"(《语录上》)这里当然不是肯定人欲的正当性,而是反对把天理与作为主体的人彼此对立起来;在否定"天是理,人是欲"这种论点的背后,是对朱熹将外在天理与个体存在对立起来的批评。

然而,陆九渊固然注意到了朱熹哲学的某些内在痼疾,但其体系又包含着自身的问题。在心性关系上,与程朱"性即理"的命题相对,陆九渊提出了"心即理"的命题。在论述这一论点时,一方面,陆九渊一再将心解释为个体之心,要求"尽我之心",并强调此心完全听命于我:"人之于耳,要听即听,不要听即否,于目亦然,何独于心而不由我乎?"(《语录下》,《陆九渊集》)在这里心似乎被归入了与耳、目等感官相同的序列,并主要决定于个体的意志。这种完全由个体决定的心(由我之心)实际上已被抽去了理性等普遍规定,而表现为一种个体意识。

另一方面,陆九渊又反复强调心的普遍性品格:"心只是一个心。某之心,吾友之心,上而千百载圣贤之心,下而千百载复有一圣贤,其心亦只如此。""东海有圣人出焉,此心同也,此理同也;西海有圣人出焉,此心同也,此理同也;南海、北海有圣人出焉,此心同也,此理同也。"千百年前与千百年后,主要是就时间关系而言,东海、西海等等,则涉及空间关系；就是说，无论何时，无论何地，只要有人存在，则其心便无实质的区别。在此，心又呈现为一种超越时空的存在，并与普遍之理重合，而其个体性的品格则相应地被架空。

陆九渊的以上看法在理论上显然颇难相容：当他将心与耳目等感官并提，并称其为"我之心"时，心似乎与特定的感性的存在彼此一致；而当心被界定为时间上永恒（无上下古今之分）、空间上无界（无东南西北之别）的存在时，它又获得了超验的品格。对心体的以上二重规定，使陆九渊的心学很难摆脱内在的紧张。

在方法论上，陆九渊提倡所谓"简易"工夫。作为一种方法论原则，简易工夫主要包含两方面的内容：其一，与辨析相对的"石称丈量"。陆九渊曾对两种方法作了比较："急于辨析，是学者大病。虽若详明，不知累我多矣。石称丈量，径而寡失；铢铢而称，至石必谬；寸寸而度，至丈必差。"所谓辨析，即是朱熹所主张的铢分毫析，石称丈量，则是直接从整体上把握。陆九渊以后者否定前者，多少把认识活动理解为一种离开具体分析而顿悟整体的过程，它在逻辑上很难避免空疏之弊。其二，直指本心："不专论事论末，专就心上说。"（《语录下》）它既意味着以本心为认识的终极目标，又往往导向以吾心为绝对真理。正是以上述观点为前提，陆九渊强调："学苟知本，六经皆我注脚。"（《语录上》）这种方法论原则无疑具有限制经学独断论之意，但它同时亦容易导向师心自用。

由强调直指本心，陆九渊进而提出了"自作主宰"论。所谓自作主宰,首先意味着摆脱外部对象的制约:"夫权皆在我,若在物,即为物役矣。"(《语录下》)这种看法要求将作为主体性存在的人与作为对象的物区分开来,反对将人视为从属于物的对象;它上承了儒家的仁道原则,拒斥了人的物化趋向。同时,"权在我",亦蕴含着注重个体自我选择之意,相对于朱熹过分地强调自觉原则而忽略行为的自愿向度,陆九渊将自我视为选择的主体,无疑更多地注意到了道德行为的自愿品格,它对后来王阳明的心学也产生了重要影响。

　　从总的方面看,在陆九渊的后学中,心学中的个体性的方面往往受到了更多的关注。陆九渊的弟子杨简便由强调个体性而进一步将自我视为第一原理:"天地,我之天地;变化,我之变化。""在天成象,在地成形,皆我之所为也。"(《慈湖遗书》卷七)在这里,"我"多少被理解为世界的第一原理,它从历史影响这一层面表明,陆九渊的心学虽然包含二重向度,但对"吾心""自我"的强化,似乎构成了更主导的方面。

象山语录

〔宋〕陆九渊　撰

语录上

"道外无事，事外无道。"先生常言之。

道在宇宙间，何尝有病，但人自有病。千古圣贤，只去人病，如何增损得道？

道理只是眼前道理，虽见到圣人田地，亦只是眼前道理。

唐虞之际，道在皋陶；商周之际，道在箕子。天之生人，必有能尸明道之责者，皋陶、箕子是也。箕子所以佯狂不死者，正为欲传其道。既为武王陈《洪范》，则居于夷狄，不食周粟。

《论语》中多有无头柄的说话，如"知及之，仁不能守之"之类，不知所及、所守者何事；如"学而时习之"，不知时习者何事。非学有本领，未易读也。苟学有本领，则知之所及者，及此也；仁之所守者，守此也；时习之，习此也。说者说此，乐者乐此，如高屋之上建瓴水矣。学苟知本，《六经》皆我注脚。

天理人欲之言，亦自不是至论。若天是理，人是欲，则是天人不同矣。此其原盖出于老氏。《乐记》曰："人生而静，天之性也；感于物而动，性之欲也。物至知知，而后好恶形焉。

不能反躬,天理灭矣。"天理人欲之言盖出于此。《乐记》之言亦根于老氏。且如专言静是天性,则动独不是天性耶?《书》云:"人心惟危,道心惟微。"解者多指人心为人欲,道心为天理,此说非是。心一也,人安有二心? 自人而言,则曰惟危;自道而言,则曰惟微。罔念作狂,克念作圣,非危乎? 无声无臭,无形无体,非微乎?因言庄子云:"眇乎小哉!以属诸人;謷乎大哉!独游于天。"又曰:"天道之与人道也相远矣。"是分明裂天人而为二也。

动容周旋中礼,此盛德之至,所以常有先后。

言语必信,非以正行。才有正其行之心,已自不是了。

古人皆是明实理,做实事。

近来论学者言:"扩而充之,须于四端上逐一充。"焉有此理? 孟子当来,只是发出人有是四端,以明人性之善,不可自暴自弃。苟此心之存,则此理自明,当恻隐处自恻隐,当羞恶,当辞逊,是非在前,自能辨之。又云:当宽裕温柔,自宽裕温柔;当发强刚毅,自发强刚毅。所谓"溥博渊泉,而时出之"。

夫子问子贡曰:"汝与回也孰愈?"子贡曰:"赐也何敢望回。回也闻一以知十,赐也闻一以知二。"此又是白著了夫子气力,故夫子复语之曰:"弗如也。"时有姓吴者在坐,遽曰:"为是尚嫌少在。"先生因语坐间有志者曰:"此说与天下士人语,未必能通晓,而吴君通敏如此。虽诸君有志,然于此不能及也。"吴逊谢,谓偶然。

子贡在夫子之门,其才最高,夫子所以属望,磨砺之者甚至。如"予一以贯之",独以语子贡与曾子二人。夫子既没三年,门人归,子贡反筑室于场,独居三年然后归。盖夫子所以磨砻子贡者极其力,故子贡独留三年,报夫子深恩也。当时若磨砻得子贡就,则其材岂曾子之比。颜子既亡,而曾子以鲁得之。盖子贡反为聪明所累,卒不能知德也。

子贡言"性与天道不可得而闻",此是子贡后来有所见处。然谓之"不可得而闻",非实见也,如曰"予欲无言",即是言了。

天下之理无穷,若以吾平生所经历者言之,真所谓伐南山之竹,不足以受我辞。然其会归,总在于此。颜子为人最有精神,然用力甚难。仲弓精神不及颜子,然用力却易。颜子当初仰高钻坚,瞻前忽后,博文约礼,遍求力索,既竭其才,方如有所立卓尔。逮至问仁之时,夫子语之,犹下克己二字,曰"克己复礼为仁"。又发露其旨,曰:"一日克己复礼,天下归仁焉。"既又复告之曰:"为仁由己,而由人乎哉?"吾尝谓此三节,乃三鞭也。至于仲弓之为人,则或人尝谓"雍也仁而不佞"。仁者静;不佞,无口才也。想其为人,冲静寡思,日用之间,自然合道。至其问仁,夫子但答以:"出门如见大宾,使民如承大祭,己所不欲,勿施于人。"只此便是也。然颜子精神高,既磨砻得就,实则非仲弓所能及也。

颜子问仁之后,夫子许多事业,皆分付颜子了,故曰:"用之则行,舍之则藏,惟我与尔有是。"颜子没,夫子哭之曰:"天丧予。"盖夫子事业自是无传矣。曾子虽能传其脉,然参也鲁,岂能望颜子之素蓄。幸曾子传之子思,子思传之孟子,夫子之道，至孟子而一光。然夫子所分付颜子事业，亦竟不复传也。

学有本末，颜子闻夫子三转语，其纲既明，然后请问其目。夫子对以非礼勿视、勿听、勿言、勿动。颜子于此洞然无疑，故曰："回虽不敏，请事斯语矣。"本末之序盖如此。今世论学者，本末先后，一时颠倒错乱，曾不知详细处未可遽责于人。如非礼勿视、听、言、动，颜子已知道，夫子乃语之以此。今先以此责人，正是躐等。视、听、言、动勿非礼，不可于这上面看颜子，须看"请事斯语"，直是承当得过。

天之一字，是皋陶说起。

夫子以仁发明斯道，其言浑无罅缝。孟子十字打开，更无隐遁，盖时不同也。

自古圣贤发明此理，不必尽同。如箕子所言，有皋陶之所未言；夫子所言，有文王、周公之所未言；孟子所言，有吾夫子之所未言，理之无穷如此。然譬之弈然，先是这般等第国手下棋，后来又是这般国手下棋，虽所下子不同，然均是这般手段始得。故曰："其或继周者，虽百世可知也。"古人视道，只如家常茶饭，故漆雕开曰："吾斯之未能信。"斯，此也。

此道与溺于利欲之人言犹易，与溺于意见之人言却难。

涓涓之流，积成江河。泉源方动，虽只有涓涓之微，去江河尚远，却有成江河之理。若能混混，不舍昼夜，如今虽未盈科，将来自盈科；如今虽未放乎四海，将来自放乎四海；如今虽未会其有极，归其有极，将来自会其有极，归其有极。然学者不能自信，见夫标末之盛者便自荒忙，舍其涓涓而趋之，却自坏了。曾不知我之涓涓虽微却是真，彼之标末虽多却是伪，恰似担水来相似，其涸可立而待也。故吾尝举俗谚教学者云："一钱做单客，两钱做双客。"

傅子渊自此归其家，陈正己问之曰："陆先生教人何先？"对曰："辨志。"正己复问曰："何辨？"对曰："义利之辨。"若子渊之对，可谓切要。

此道非争竞务进者能知，惟静退者可入。又云：学者不可用心太紧，今之学者，大抵多是好事，未必有切己之志。夫子曰："古之学者为己，今之学者为人。"须自省察。

夫民合而听之则神，离而听之则愚，故天下万世自有公论。

先生与晦翁辩论，或谏其不必辩者。先生曰："女曾知否？建安亦无朱晦翁，青田亦无陆子静。"

不曾过得私意一关，终难入德。未能入德，则典则法度何以知之？

居象山多告学者云："女耳自聪，目自明，事父自能孝，事兄自能弟，本无欠阙，不必他求，在自立而已。"

生于末世，故与学者言费许多气力，盖为他有许多病痛。若在上世，只是与他说："入则孝，出则弟。"初无许多事。

千虚不博一实，吾平生学问无他，只是一实。

或问："先生何不著书？"对曰："六经注我，我注六经。韩退之是倒做，盖欲因学文而学道。欧公极似韩，其聪明皆过人，然不合初头俗了。"或问："如何俗了？"曰："符读书城南三上宰相书是已。至二程方不俗，然聪明却有所不及。"

正人之本难，正其末则易。今有人在此，与之言汝适某言未是，某处坐立举动未是，其人必乐从。若去动他根本所在，他便不肯。

释氏立教，本欲脱离生死，惟主于成其私耳，此其病根也。且如世界如此，忽然生一个谓之禅，已自是无风起浪，平地起土堆了。

"无它，利与善之间也。"此是孟子见得透，故如此说。或问："先生之学，当来自何处入？"曰："不过切己自反，改过迁善。"

有善必有恶，真如反覆手。然善却自本然，恶却是反了方有。

人品在宇宙间迥然不同。诸处方哓哓然谈学问时，吾在此多与后生说人品。

此道之明，如太阳当空，群阴毕伏。

典宪二字甚大，惟知道者能明之。后世乃指其所撰苛法，名之曰典宪，此正所谓无忌惮。

朱元晦曾作书与学者云："陆子静专以尊德性诲人，故游其门者多践履之士，然于道问学处欠了。某教人岂不是道问学处多了些子？故游某之门者践履多不及之。"观此，则是元晦欲去两短，合两长。然吾以为不可，既不知尊德性，焉有所谓道问学？

吾之学问与诸处异者，只是在我全无杜撰，虽千言万语，只是觉得他底在我不曾添一些。近有议吾者云："除了'先立乎其大者'一句，全无伎俩。"吾闻之曰："诚然。"

　　复斋家兄一日见问云："吾弟今在何处做工夫？"某答云："在人情、事势、物理上做些工夫。"复斋应而已。若知物价之低昂，与夫辨物之美恶真伪，则吾不可不谓之能。然吾之所谓做工夫，非此之谓也。

　　后世言学者须要立个门户。此理所在安有门户可立？学者又要各护门户，此尤鄙陋。

　　人共生乎天地之间，无非同气。扶其善而沮其恶，义所当然。安得有彼我之意？又安得有自为之意？

　　二程见周茂叔后，吟风弄月而归，有"吾与点也"之意。后来明道此意却存，伊川已失此意。

　　吾与常人言，无不感动，与谈学问者，或至为仇。举世人大抵就私意建立做事，专以做得多者为先，吾却欲珍其私而会于理，此所以为仇。

　　吾与人言，多就血脉上感移他，故人之听之者易，非若法令者之为也。如孟子与齐君言，只就与民同处转移他，其余自正。

　　今之论学者只务添人底，自家只是减他底，此所以不同。

　　宇宙不曾限隔人，人自限隔宇宙。

　　"《乾》以易知，《坤》以简能。"先生常言之云："吾知此理即《乾》，行此理即《坤》。知之在先，故曰《乾》知太始。行之在后，故曰《坤》作成物。"

　　夫子平生所言，岂止如《论语》所载，特当时弟子所载止此尔。今观有子、曾子独称子，或多是有若、曾子门人。然吾读《论语》，至夫子、曾子之言便无疑，至有子之言便不喜。

先生问学者云:"夫子自言'我学不厌',及子贡言'多学而识之',又却以为非,何也?"因自代对云:"夫子只言'我学不厌',若子贡言'多学而识之',便是蔽说。"

学者须先立志,志既立,却要遇明师。

"攻乎异端,斯害也已。"今世类指佛、老为异端。孔子时佛教未入中国,虽有老子,其说未著,却指那个为异端?盖异与同对,虽同师尧、舜,而所学之端绪与尧、舜不同,即是异端,何止佛、老哉?有人问吾异端者,吾对曰:"子先理会得同底一端,则凡异此者,皆异端。"

"子不语怪力乱神。"夫子只是不语,非谓无也。若力与乱,分明是有,神怪岂独无之?人以双瞳之微,所瞩甚远,亦怪矣。苟不明道,则一身之间无非怪,但玩而不察耳。

"可与适道,未可与立,可与立,未可与权。'棠棣之华,偏其反而,岂不尔思,室是远而。'子曰:'未之思也,夫何远之有?'"上面是说阶级不同,夫子因举诗中"室是远而"之语,因以扫上面阶级,盖虽有阶级,未有远而不可进者也。因言李清臣云:"夫子删诗,固有删去一二语者,如《棠棣》之诗,今逸此两句,乃夫子删去也。"清臣又言:"《硕人》之诗,无'素以为绚兮'一语,亦是夫子删去。"其说皆是。当时子夏之言,谓绘事以素为后,乃是以礼为后乎?言不可也。夫子盖因子夏之言而删之。子夏当时亦有见乎本末无间之理,然后来却有所泥,故其学传之后世尤有害。"绘事后素",若《周礼》言"绘画之事后素功",谓既画之后,以素间别之,盖以记其目之黑白分也,谓先以素为地非。

柴愚参鲁，夫子所爱。故子路使子羔为费宰，子曰："贼夫人之子。"以此见夫子欲子羔来磨砻就其远者大者。后来子羔早卒，故属意于曾子。

"叩其两端而竭焉。"言极其初终始末，竭尽无留藏也。

"江汉以濯之，秋阳以暴之，皓皓乎不可尚已。"此数语自曾子胸中流出。

《咸有一德》之《书》，言"惟尹躬暨汤，咸有一德"。以此见当时只有尹、汤二人，可当一德。

皋陶论知人之道曰："亦行有九德，亦言其人有德，乃言曰'载采采'。"乃是谓必先言其人之有是德，然后乃言曰："某人有某事，有某事。"盖德则根乎其中，达乎其气，不可伪为。若事，则有才智之小人可伪为之。故行有九德，必言其人有德，乃言曰"载采采"，然后人不可得而廋也。

后世言伏羲画八卦，文王始重之为六十四卦。其说不然。且如《周礼》虽未可尽信，如《筮人》言三《易》，其经卦皆八，其别皆六十有四。"龟筮协从"亦见于《虞书》，必非伪说。如此，则卦之重久矣。盖伏羲既画八卦，即从而重之，然后能通神明之德，类万物之情，而扶持天下之理。文王盖因其《繇辞》而加详，以尽其变尔。

《系辞》首篇二句可疑，盖近于推测之辞。

吾之深信者《书》，然《易系》言："默而成之，不言而信，存乎德行。"此等处深可信。

伊川解《比卦》"原筮"作"占决卜度"，非也。一阳当世之大人，其"不宁方来"，乃自然之理势，岂在它占决卜度之中？"原筮"乃《蒙》"初筮"之义。原，初也，古人字多通用。因云：伊川学问，未免占决卜度之失。富贵不能淫，贫贱不能移，威武不能屈，非知道者不能。扬子谓"文王久幽而不改其操"，文王居羑里而赞《易》，夫子厄于陈蔡而弦歌，岂久幽而不改其操之谓耶？

自周衰以来，人主之职分不明。《尧典》命羲和敬授人时，是为政首。后世乃付之星官、历翁，盖缘人主职分不明所致。孟子曰："民为贵，社稷次之，君为轻。"此却知人主职分。

《诗·大雅》多是言道，《小雅》多是言事。《大雅》虽是言小事，亦主于道，《小雅》虽是言大事，亦主于事。此所以为《大雅》《小雅》之辨。

秦不曾坏了道脉，至汉而大坏。盖秦之失甚明，至汉则迹似情非，故正理愈坏。

汉文帝蔼然善意，然不可与入尧舜之道，仅似乡原。

诸公上殿，多好说格物，且如人主在上，便可就他身上理会，何必别言格物。

杨子默而好深沉之思，他平生为此深沉之思所误。

韩退之《原性》，却将气质做性说了。

近日举及荀子《解蔽篇》，说得人之蔽处好。梭山兄云："后世之人，病正在此，都被荀子、庄子辈坏了。"答云："今世人之通病恐不在此。大概人之通病，在于居茅茨则慕栋宇，衣敝衣则慕华好，食粗粝则慕甘肥，此乃是世人之通病。"

《春秋》北杏之会，独于齐桓公称爵。盖当时倡斯义者，惟桓公、管仲二人。《春秋》于诸国称人，责之也。

古者风俗醇厚，人虽有虚底精神，自然消了。后世风俗不如古，故被此一段精神为害，难与语道。

因叹学者之难得云："我与学者说话，精神稍高者，或走了，低者至塌了，吾只是如此。吾初不知手势如此之甚，然吾亦只有此一路。"

人方奋立，已有消蚀，则议者不罪其消蚀，而尤其奋立之太过，举"其进锐者其退速"以为证，于是并惩其初。曾不知孟子之意自不在此。

圣人作《春秋》，初非有意于二百四十二年行事。又云：《春秋》大概是存此理。又云：《春秋》之亡久矣，说《春秋》之缪，尤甚于诸经也。

尝阅《春秋纂例》，谓学者曰："啖赵说得有好处，故人谓啖赵有功于《春秋》。"又云："人谓唐无理学，然反有不可厚诬者。"

后世之论《春秋》者，多如法令，非圣人之旨也。

千古圣贤若同堂合席，必无尽合之理。然此心此理，万世一揆也。

铢铢而称之，至石必缪；寸寸而度之，至丈必差；石称丈量，径而寡失，此可为论人之法。且如其人，大概论之，在于为国、为民、为道义，此则君子人矣；大概论之，在于为私己、为权势，而非忠于国、徇于义者，则是小人矣。若铢称寸量，校其一二节目而违其大纲，则小人或得为欺，君子反被猜疑，邪正贤否，未免倒置矣。

有学者听言有省，以书来云："自听先生之言，越千里如历块。"因云："吾所发明为学端绪，乃是第一步，所谓升高自下，陟遐自迩。却不知指何处为千里？若以为今日舍私小而就广大为千里，非也，此只可谓之第一步，不可遽谓千里。"

吾于人情研究得到。或曰："察见渊中鱼不祥。"然吾非苛察之谓，研究得到，有扶持之方耳。

后世将让职作一礼数，古人推让皆是实情。唐虞之朝可见，非尚虚文，以让为美名也。

尝闻王顺伯云："本朝百事不及唐，然人物议论远过之。"此议论甚阔，可取。

尝问王顺伯曰："闻尊兄精于论字画，敢问字果有定论否？"顺伯曰："有定论。"曰："何以信此说？"顺伯曰："有一画一拐于此，使天下有两三人晓书，问之，此人曰是此等第，则彼二人之言亦同，如此知其有定。"因问："字画孰为贵？"顺伯曰："本朝不及唐，唐不及汉，汉不及先秦古书。"曰："如此则大抵是古得些子者为贵。"顺伯曰："大抵古人作事不苟简，尊兄试观古器，与后来者异矣。"此论极是。

傅子渊请教，乞简省一语。答曰："艮其背，不获其身；行其庭，不见其人。"后见其与陈君举书中云："是则全掩其非，非则全掩其是。"此是语病。中又云："阔节而疏目，旨高而趣深。"旨高而趣深甚佳，阔节而疏目，子渊好处在此，病亦在此。又云：子渊弘大，文范细密。子渊能兼文范之细密，文范能兼子渊之弘大，则非细也。

朱济道力称赞文王。谓曰："文王不可轻赞，须是识得文王，方可称赞。"济道云："文王圣人，诚非某所能识。"曰："识得朱济道，便是文王。"

一学者自晦翁处来，其拜跪语言颇怪。每日出斋，此学者必有陈论，应之亦无他语。至四日，此学者所言已罄，力请诲语。答曰："吾亦未暇详论。然此间大纲，有一个规模说与人。今世人浅之为声色臭味，进之为富贵利达，又进之为文章技艺。又有一般人都不理会，却谈学问。吾总以一言断之曰：胜心。"此学者默然，后数日，其举动言语颇复常。

一学者从游阅数月，一日问之云："听说话如何？"曰："初来时疑先生之颠倒，既如此说了，后又如彼说。及至听得两月后，方始贯通，无颠倒之疑。"

三百篇之诗《周南》为首，《周南》之诗《关雎》为首。《关雎》之诗好善而已。

兴于《诗》，人之为学，贵于有所兴起。

洙泗门人，其间自有与老氏之徒相通者，故记礼之书，其言多原老氏之意。

先生在敕局日，或问曰："先生如见用，以何药方医国？"先生曰："吾有四物汤，亦谓之四君子汤。"或问："如何？"曰："任贤，使能，赏功，罚罪。"

先生云："后世言道理者，终是粘牙嚼舌。吾之言道，坦然明白，全无粘牙嚼舌处，此所以易知易行。"或问先生："如此谈道，恐人将意见来会，不及释子谈禅，使人无所措其意见。"先生云："吾虽如此谈道，然凡有虚见虚说，皆来这里使不得。所谓德行常易以知险，恒简以知阻也。今之谈禅者虽为艰难之说，其实反可寄托其意见。吾于百众人前，开口见胆。"

先生云："凡物必有本末。且如就树木观之，则其根本必差大。吾之教人，大概使其本常重，不为末所累。然今世论学者却不悦此。"

有一士大夫云："陆丈与他人不同，却许人改过。"

先生尝问一学者："若事多放过，有宽大气象；若动辄别白，似若褊隘；不知孰是？"学者云："若不别白，则无长进处。"先生曰："然。"

先生云："学者读书，先于易晓处沉涵熟复，切己致思，则他难晓者涣然冰释矣。若先看难晓处，终不能达。"举一学者诗云："读书切戒在荒忙，涵泳工夫兴味长。未晓莫妨权放过，切身须要急思量。自家主宰常精健，逐外精神徒损伤。寄语同游二三子，莫将言语坏天常。"

先生归自临安，子云问近来学者。先生云："有一人近来有省，云一蔽既彻，群疑尽亡。"

先生云："欧公《本论》固好，然亦只说得皮肤。"看《唐鉴》，令读一段，子云因请曰："终是说骨髓不出。"先生云："后世亦无人知得骨髓去处。"

刘淳叟参禅，其友周姓者问之曰："淳叟何故舍吾儒之道而参禅？"淳叟答曰："譬之于手，释氏是把锄头，儒者把斧头。所把虽不同，然却皆是这手。我而今只要就他明此手。"友答云："若如淳叟所言，我只就把斧头处明此手，不愿就他把锄头处明此手。"先生云："淳叟亦善喻，周亦可谓善对。"

先生云："子夏之学，传之后世尤有害。"

先生居象山，多告学者云："汝耳自聪，目自明，事父自能孝,事兄自能弟,本无少缺,不必他求,在乎自立而已。"学者于此亦多兴起。有立议论者,先生云:"此是虚说。"或云:"此是时文之见。"学者遂云:"孟子辟杨墨,韩子辟佛老,陆先生辟时文。"先生云:"此说也好。然辟杨墨佛老者,犹有些气道。吾却只辟得时文。"因一笑。

先生作《贵溪学记》云:"尧舜之道,不过如此,此亦非有甚高难行之事。"尝举以语学者云:"吾之道,真所谓夫妇之愚,可以与知。"

或问:"读《六经》当先看何人解注?"先生云:"须先精看古注,如读《左传》则杜预注不可不精看。大概先须理会文义分明,则读之其理自明白。然古注惟赵岐解《孟子》文义多略。"

有一后生欲处郡庠,先生训之曰:"一择交,二随身规矩,三读古书《论语》之属。"

程先生解《易》爻辞,多得之象辞,却有鹘突处。

人之文章,多似其气质。杜子美诗乃其气质如此。

三代之时,远近上下,皆讲明扶持此理,其有不然者,众从而斥之。后世远近上下,皆无有及此者,有一人务此,众反以为怪。故古之时比屋至于可封;后世虽能自立,然寡固不可以敌众,非英才不能奋兴。

有学者因事上一官员书云:"遏恶扬善,沮奸佑良,此天地之正理也。此理明则治,不明则乱,存之则为仁,不存则为不仁。"先生击节称赏。

先生云:"吾自应举,未尝以得失为念,场屋之文,只是直写胸襟。"故作《贵溪县学记》云:"不徇流俗而正学以言者,岂皆有司之所弃,天命之所遗?"

有学者曾看南轩文字,继从先生游,自谓有省。及作书陈所见,有一语云:"与太极同体。"先生复书云:"此语极似南轩。"

学者不可用心太紧。深山有宝,无心于宝者得之。

有学者上执政书,中间有云:"阁下作而待漏于金门,朝而议政于黼座,退而平章于中书,归而咨访于府第,不识是心能如昼日之昭晰,而无薄蚀之者乎? 能如砥柱之屹立,而无渝胥之者乎?"先生云:"此亦可以警学者。"

曹立之有书于先生曰:"愿先生且将孝弟忠信诲人。"先生云:"立之之谬如此,孝弟忠信如何说且将。"

惟温故而后能知新,惟敦厚而后能崇礼。

《易系》上下篇,总是赞《易》。只将赞《易》看,便自分明。凡吾论世事皆如此,必要挈其总要去处。

后世言易数者,多只是眩惑人之说。

"夫人幼而学之,壮而欲行之。"今之论学者,所用非所学,所学非所用。

或有讥先生之教人专欲管归一路者。先生曰:"吾亦只有此一路。"

孟子曰:"言人之不善,当如后患何?"今人多失其旨。盖孟子道性善,故言人无有不善。今若言人之不善,彼将甘为不善,而以不善向汝,汝将何以待之? 故曰:"当如后患何?"

见到《孟子》道性善处,方是见得尽。

退之言:"轲死不得其传。""荀与杨,择焉而不精,语焉而不详。"何其说得如此端的。

程先生解"频复厉",言过在失,不在复,极好。

先生在敕局日,或劝以小人伺伺,宜乞退省。先生曰:"吾之未去,以君也。不遇则去,岂可以彼为去就耶?"

李白、杜甫、陶渊明皆有志于吾道。

资禀之高者,义之所在,顺而行之,初无留难。其次义利交战,而利终不胜义,故自立。

吾自幼时,听人议论似好,而其实不如此者,心不肯安,必要求其实而后已。

吾于践履未能纯一,然才自警策,便与天地相似。

后世言宽仁者类出于姑息,殊不知苟不出于文致而当其情,是乃宽仁也。故吾尝曰:"虞舜、孔子之宽仁,吾于四裔两观之间见之。"

有士人上诗云:"手抉浮翳开东明。"先生颇取其语,因云:"吾与学者言,真所谓取日虞渊,洗光咸池。"

右门人傅子云季鲁编录

冉子退朝,子曰:"何晏也?"对曰:"有政。"子曰:"其事也。"鲁国无政,所行者亦其事而已。政者,正也。

"志壹动气",此不待论,独"气壹动志",未能使人无疑。孟子复以蹶、趋、动心明之,则可以无疑矣。壹者,专一也。志固为气之帅,然至于气之专一,则亦能动志。故不但言"持其志", 又戒之以"无暴其气"也。居处饮食, 适节宣之宜, 视听言动, 严邪正之辨, 皆"无暴其气"之工也。

古者十五而入大学, "大学之道, 在明明德, 在亲民, 在止于至善", 此言大学指归。欲明明德于天下是入大学标的, 格物致知是下手处。《中庸》言博学、审问、慎思、明辨, 是格物之方。读书亲师友是学, 思则在己。问与辨, 皆须即人。自古圣人亦因往哲之言, 师友之言, 乃能有进, 况非圣人, 岂有任私智而能进学者? 然往哲之言, 因时乘理, 其指不一。方册所载, 又有正伪、纯疵, 若不能择, 则是泛观。欲取决于师友, 师友之言亦不一, 又有是非、当否, 若不能择, 则是泛从。泛观泛从, 何所至止? 如彼作室, 于道谋, 是用不溃于成。欲取其一而从之, 则又安知非私意偏说。子莫执中, 孟子尚以为执一废百, 岂为善学? 后之学者, 顾何以处此。

学者规模, 多系其闻见。孩提之童, 未有传习, 岂能有是规模? 是故所习不可不谨。处乎其中而能自拔者, 非豪杰不能。劫于事势而为之趋向者, 多不得其正, 亦理之常也。

古者势与道合, 后世势与道离。何谓势与道合? 盖德之宜为诸侯者为诸侯, 宜为大夫者为大夫, 宜为士者为士, 此之谓势与道合。后世反此: 贤者居下, 不肖者居上, 夫是之谓势与道离。势与道合则是治世, 势与道离则是乱世。

"如切如磋者, 道学也; 如琢如磨者, 自修也。"骨象脆, 切磋之工精细; 玉石坚, 琢磨之工粗大。学问贵细密, 自修贵勇猛。

世人只管理会利害, 皆自谓惺惺, 及他己分上事, 又却只是放过。争知道名利如锦覆陷阱,使人贪而堕其中,到头只赢得一个大不惺惺去。

"阳,一君而二民,君子之道也;阴,二君而一民,小人之道也。"阳奇阴偶。阳,以奇为君,一也;阴,以偶为君,二也。有一则有二,第所主在一。彼小人之事岂遽绝其一哉?所主非是耳。故君子以理制事,以理观象。故曰:"变动不居,周流六虚,上下无常,刚柔相易,不可为典要,唯变所适。"

《书疏》云:"周天三百六十五度四分度之一。"天体圆如弹丸,北高南下。北极出地上三十六度,南极入地下三十六度,南极去北极直径一百八十二度强。天体隆曲,正当天之中央,南北二极中等之处,谓之赤道,去南北极各九十一度。春分日行赤道,从此渐北。夏至行赤道之北二十四度,去北极六十七度,去南极一百一十五度。从夏至以后,日渐南至,秋分还行赤道与春分同。冬至行赤道之南,去南极六十七度,去北极一百一十五度。其日之行处,谓之黄道。又有月行之道,与日相近,交路而过,半在日道之里,半在日道之表。

其当交则两道相合,去极远处,两道相去六度。此其日月行道之大略也。

黄道者,日所行也。冬至在斗,出赤道南二十四度;夏至在井,出赤道北二十四度。秋分交于角;春分交于奎。月有九道,其出入黄道不过六度。当交则合,故曰交蚀。交蚀者,月道与黄道交也。

《孟子》"登东山而小鲁"一章,绅绎诵咏五六过,始云:"皆是言学之充广,如水之有澜,日月之有光,皆是本原上发得如此。"

"牛山之木尝美矣"以下，常宜讽咏。

元晦似伊川，钦夫似明道。伊川蔽固深，明道却通疏。

九畴之数：一、六在北，水得其正。三、八在东，木得其正。唯金火易位，而木生火，自三上生至九，自一数至于九，正得二数，故火在南。自四数至七，亦得四数，故金在西。一变而为七，七变而为九，九复变而为一者：一与一为二，一与二为三，一与三为四，一与四为五，一与五为六。五，数之祖，故至七则为二与五矣，是一变也。至九而极，故曰七变而为九。数至九则必变，故至十则变为一十，百为一百，千为一千，万为一万，是九复变而为一也。

或问："贾谊、陆贽言论如何？"曰："贾谊是就事上说仁义，陆贽是就仁义上说事。"

临安四圣观，六月间倾城士女咸出祷祠。或问："何以致人归乡如此？"答曰："只是赏罚不明。"

一夕步月，喟然而叹。包敏道侍，问曰："先生何叹？"曰："朱元晦泰山乔岳，可惜学不见道，枉费精神，遂自担阁，奈何？"包曰："势既如此，莫若各自著书，以待天下后世之自择。"忽正色厉声曰："敏道！敏道！恁地没长进，乃作这般见解。且道天地间有个朱元晦、陆子静，便添得些子？无了后，便减得些子？"

归自临安，汤仓因言风俗不美。曰："乍归，方欲与后生说些好话。然此事亦由天，亦由人。"汤云："如何由天？"曰："且如三年一次科举，万一中者笃厚之人多，浮薄之人少，则风俗自此而厚。不然，只得一半笃厚之人，或三四个笃厚之人，风俗犹自庶几。不幸笃厚之人无几，或全是浮薄之人，则后生从而视效，风俗日以败坏。"汤云："如何亦由人？"曰："监司、守令，便是风俗之宗主。只如院判在此，毋只惟位高爵重，旗旄导前，骑卒拥后者，是崇是敬，陋巷茅茨之间，有笃敬忠信好学之士，不以其微贱而知崇敬之，则风俗庶几可回矣。"汤再三称善。次日谓幕僚曰："陆丈近至城，何不去听说话？"幕僚云："恐陆丈门户高峻，议论非某辈所能喻。"汤云："陆丈说话甚平正，试往听看。某于张吕诸公皆相识，然陆丈说话，自是不同。"

须知人情之无常，方料理得人。

《孝经》十八章，孔子于践履实地上说出，非虚言也。

莫知其苗之硕，谓叶干鬖松而亡实者也。

"天下之言性也，则故而已矣。"此段人多不明首尾文义。中间"所恶于智者"至"智亦大矣"，文义亦自明，不失《孟子》本旨。据某所见，当以《庄子》"去故与智"解之。观《庄子》中有此"故"字，则知古人言语文字必常有此字。《易·杂卦》中"《随》无故也"，即是此"故"字。当孟子时，天下无能知其性者。其言性者，大抵据陈迹言之，实非知性之本，往往以利害推说耳，是反以利为本也。夫子赞《易》："治历明时，在《革》之象。"盖历本测候，常须改法。观《革》之义，则千岁之日至，无可坐致之理明矣。孟子言："千岁之日至，可坐而致也。"正是言不可坐而致，以此明不可求其故也。

"帝出乎《震》"：帝者，天也。《震》居东，春也。《震》，雷也，万物得雷而萌动焉，故曰"出乎《震》"。"齐乎《巽》"：《巽》是东南，春夏之交也。《巽》，风也，万物得风而滋长焉，新生之物，齐洁精明，故曰"万物之洁齐也"。"相见乎《离》"：《离》，南方之卦也，夏也。生物之形至是毕露，文物粲然，故曰"相见"。"致役乎《坤》"：万物皆得地之养，将遂妊实，六七月之交也。万物于是而胎实焉，故曰"致役乎《坤》"。"说言乎《兑》"：《兑》，正秋也。八月之时，万物既已成实，得雨泽而说怿，故曰"万物之所说也"。"战乎《乾》"：《乾》是西北方之卦也。旧谷之事将始，《乾》不得不君乎此也。十月之时，阴极阳生，阴阳交战之时也，龙战乎野是也。"劳乎《坎》"：《坎》者，水也，至劳者也。阴退阳生之时，万物之所归也。阴阳未定之时，万物归藏之始，其事独劳，故曰"劳乎《坎》"。"成言乎《艮》"：阴阳至是而定矣。旧谷之事于是而终，新谷之事于是而始，故曰"万物之所成终成始也"。

　　"《易》之为书也，不可远，为道也屡迁。变动不居，周流六虚，上下无常，刚柔相易，不可为典要，唯变所适。"临深履薄，参前倚衡，儆戒无虞，小心翼翼，道不可须臾离也。五典天叙，五礼天秩，《洪范》九畴，帝用锡禹，传在箕子，武王访之，三代攸兴，罔不克敬典。不有斯人，孰足以语不可远之书，而论屡迁之道也。"其为道也屡迁"，不迁处；"变动不居"，居处；"周流六虚"，实处；"上下无常"，常处；"刚柔相易"，不易处；"不可为典要"，要处；"惟变所适"，不变处。

　　"《履》，德之基也；《谦》，德之柄也；《复》，德之本也；

《恒》，德之固也；《损》，德之修也；《益》，德之裕也；《困》，德之辨也；《井》，德之地也；《巽》，德之制。"《易》之兴也，其于中古乎？作《易》者其有忧患乎？"上古淳朴，人情物态，未至多变，《易》虽不作，未有阙也。逮乎中古，情态日开，诈伪日萌，非明《易》道以示之，则质之美者无以成其德，天下之众无以感而化，生民之祸，有不可胜言者。圣人之忧患如此，不得不因时而作《易》也。《易》道既著，则使君子身修而天下治矣。"是故《履》，德之基也"，《杂卦》曰："《履》，不处也。"不处者，行也。上天下泽，尊卑之义，礼之本也。经礼三百，曲礼三千，皆本诸此常行之道。"《履》，德之基"，谓以行为德之基也。基，始也，德自行而进也。不行则德何由而积？"谦，德之柄也"，有而不居为谦，谦者，不盈；盈则其德丧矣。常执不盈之心，则德乃日积，故曰"德之柄"。既能谦然后能复，复者阳复，为复善之义。人性本善，其不善者迁于物也。知物之为害，而能自反，则知善者乃吾性之固有，循吾固有而进德，则沛然无他适矣，故曰"《复》，德之本也"。知复则内外合矣，然而不常，则其德不固，所谓虽得之，必失之，故曰"《恒》，德之固也"。君子之修德，必去其害德者，则德日进矣，故曰"《损》，德之修也"。善日积则宽裕，故曰"《益》，德之裕也"。不临患难难处之地，未足以见其德，故曰"《困》，德之辨也"。井以养人利物为事，君子之德亦犹是也，故曰"《井》，德之地也"。夫然可以有为，有为者，常顺时制宜。不顺时制宜者，一方一曲之士，非盛德之事也。顺时制宜，非随俗合污，如禹、稷、颜子是已，故曰"《巽》，德之制也"。

"《履》，和而至"：兑以柔悦承乾之刚健，故和。天在上，泽处下，理之极至不可易，故至。君子所行，体《履》之义，故和而至。"《谦》，尊而光"：不谦则必自尊自耀，自尊则人必贱之，自耀则德丧，能谦则自卑自晦，自卑则人尊之，自晦则德益光显。"《复》小而辨于物"：复贵不远，言动之微，念虑之隐，必察其为物所诱与否。不辨于小，则将致悔咎矣。"《恒》，杂而不厌"：人之生，动用酬酢，事变非一，人情于此多至厌倦，是不恒其德者也。能恒者，虽杂而不厌。"《损》，先难而后易"：人情逆之则难，顺之则易，凡损抑其过，必逆乎情，故先难；既损抑以归于善，则顺乎本心，故后易。"《益》，长裕而不设"：益者，迁善以益己之德，故其德长进而宽裕。设者，侈张也，有侈大不诚实之意，如是则非所以为益也。"《困》，穷而通"：不修德者，遇穷困则陨获丧亡而已。君子遇穷困，则德益进，道益通。"《井》，居其所而迁"：如君子不以道徇人，故曰居其所；而博施济众，无有不及，故曰迁。"《巽》，称而隐"：巽顺于理，故动称宜，其所以称宜者，非有形迹可见，故隐。

"《履》以和行"：行有不和，以不由礼故也，能由礼则和矣。"《谦》以制礼"：自尊大，则不能由礼，卑以自牧，乃能自节制以礼。"《复》以自知"：自克乃能复善，他人无与焉。"《恒》以一德"：不常则二三，常则一。终始惟一，时乃日新。"《损》以远害"：如忿欲之类，为德之害。损者，损其害德而已。能损其害德者，则吾身之害，固有可远之道，特君子不取必乎此也。"《益》以兴利"：有益于己者为利，天下之有益于己者莫如善，君子观《易》之象而迁善，故曰兴利。能迁善，则福庆之利，固有自致之理。在君子无加损焉，有不足言者。"《困》以寡怨"：君子于困厄之时，必推致其命。吾遂吾之志，何怨之有？推困之义，不必穷厄患难及己也，凡有道而有所不可行，皆困也。君子于此自反而已，未尝有所怨也。"《井》以辨义"：君子之义在于济物。于井之义，人可以明君子之义。"《巽》以行权"：巽，顺于理，如权之于物，随轻重而应，则动静称宜，不以一定而悖理也。九卦之列，君子修身之要，其序如此，缺一不可也，故详复赞之。

"所谓诚其意者，无自欺也"一段，总是修身、齐家、治国、平天下之要，故反复言之。如恶恶臭，如好好色，乃是性所好恶，非出于勉强也。自欺是欺其心，慎独即不自欺。诚者自成，而道自道也，自欺不可谓无人知。十目所视，十手所指，其严若此。

"惟器与名，不可以假人"：只当说繁缨非诸侯所当用，不可以与此人，左氏也说差却名了，是非孔子之言。如孟子谓"闻诛一夫纣矣"，乃是正名。孔子于蒯聩、辄之事，乃是正名。至于温公谓"名者何，诸侯卿大夫是也"，则失之矣。

事不可以逆料，圣贤未尝预料。"由也，不得其死然。""死矣！盆成括。"其微言如此。

此理塞宇宙，谁能逃之？顺之则吉，违之则凶，其蒙蔽则为昏愚，通彻则为明知。昏愚者不见是理，故多逆以致凶；明知者见是理，故能顺以致吉。说《易》者谓阳贵而阴贱，刚明而柔暗，是固然矣。今《晋》之卦，上离以六五一阴为明之主，下坤以三阴顺从于离明，是以致吉；二阳爻反皆不善。盖离之所以为明者，明是理也。坤之三阴能顺从其明，宜其吉无不利。此以明理顺理而善，则其不尽然者亦宜其不尽善也。不明此理，而泥于爻画名言之末，岂可以言《易》哉？阳贵阴贱刚明柔暗之说，有时而不可泥也。

《屯》阴阳始交，一索而得长男，再索而得中男。六三"即鹿无虞，惟入于林中"，指下卦之渐入上卦坎险之地。上六"乘马班如，泣血涟如"，正孔子曰"吾未如之何也已矣"。虽然，人当止邪于未形，绝恶于未萌，致治于未乱，保邦于未危。

《蒙》九二一爻为发蒙之主，不应更论与六五相得与否，"包蒙""纳妇"，即"克家"之事。

束书不观，游谈无根。

染习深者难得净洁。

自明然后能明人。

复斋看伊川《易传》解"艮其背"，问某："伊川说得如何？"某云："说得鹘突。"遂命某说，某云："'艮其背，不获其身'，无我；'行其庭，不见其人'，无物。"

或谓："先生之学，是道德、性命，形而上者；晦翁之学，是名物、度数，形而下者。学者当兼二先生之学。"先生云："足下如此说晦翁，晦翁未伏。晦翁之学，自谓一贯，但其见道不明，终不足以一贯耳。吾尝与晦翁书云：'揣量模写之工，依放假借之似，其条画足以自信，其节目足以自安。'此言切中晦翁之膏肓。"

学者答堂试策。先生云："诸公答策，皆是随问走。答策当如堂上人部勒堂下吏卒，乃不为策题所缠。"

先生于门人，最属意者唯傅子渊。初子渊请教先生，有艮背、行庭、无我、无物之说。后子渊谓："某旧登南轩、晦翁之门，为二说所碍，十年不可先生之说。及分教衡阳三年，乃始信。"先生屡称子渊之贤，因言："比陈君举自湖南漕台遣书币下问，来书云：'某老矣，不复见诸事功，但欲结果身分耳。'"先生略举答书，因说："近得子渊与君举书煞好，若子渊切磋不已，君举当有可望也。但子渊书中有两句云：'是则全掩其非，非则全掩其是。'亦为抹出。"后闻先生临终前数日，有自衡阳来呈子渊与周益公论道五书，先生手不释，叹曰："子渊擒龙打凤底手段。"

邵武丘元寿听话累日，自言少时独喜看伊川语录。先生曰："一见足下，知留意学问，且从事伊川学者。既好古如此，居乡与谁游处？"元寿对以赋性冷淡，与人寡合。先生云："莫有令嗣延师否？"元寿对以延师亦不相契，止是托之二子耳。先生云："既是如此，平生怀抱欲说底话，分付与谁？"元寿对以无分付处，有时按视田园，老农老圃，虽不识字，喜其真情，四时之间，与之相忘，酬酢居多耳。先生顾学者笑曰："以邵武许多士人，而不能有以契元寿之心，契心者乃出于农圃之人，如此，是士大夫儒者，视农圃间人不能无愧矣。"先生因言："世间一种恣情纵欲之人，虽大狼狈，其过易于拯救，却是好人划地难理会。"松云：如丘丈之贤，先生还有力及之否？先生云："元寿甚佳，但恐其不大耳。'人皆可以为尧舜'，'尧舜与人同耳'，但恐不能为尧舜之大也。"元寿连日听教，方自庆快，且云"天下之乐，无以加于此"，至是忽局蹐变色而答曰：
"荷先生教爱之笃，但某自度无此力量，诚不敢僭易。"先生
云："元寿道无此力量，错说了。元寿平日之力量，乃尧舜之力
量，元寿自不知耳。"元寿默然愈惑。退，松别之，元寿自述：
"自听教于先生甚乐，今胸中忽如有物梗之者，姑抄先生文集，
归而求之，再来承教。"

先生与学者说及智、圣始终条理一章，忽问松云："智、圣是
如何？"松曰："知此之谓智，尽此之谓圣。"先生曰："智、圣有
优劣否？"松曰："无优劣。"先生曰："好，无优劣。然孟子云：
其至尔力也，其中非力。如此说似归重于智。"松曰："其至
尔力也，其中非尔力也，巧也，行文自当如此。孟子不成道其
至尔力也，其中尔巧也。"先生曰："是。"松又曰："智、圣虽无
优劣，却有先后，毕竟致知在先，力行在后，故曰始终。"先生
曰："是。"

先生因为子持之改所吟莺诗云："百喙吟春不暂停，长疑
春意未丁宁。数声绿树黄鹂晓，始笑从来着意听。""绕梁余
韵散南柯，争奈无如春色何。剩化玉巢金绰约，深春到处为人
歌。"先生言莺巢以他羽成之，至贴近金羽处，以白鹇羽藉之，
所以养其金羽也。

有客论诗，先生诵昌黎调张籍一篇云："李杜文章在，光
焰万丈长。不知群儿愚，那用故讥伤？蚍蜉撼大树，可笑不自
量。云云。乞君飞霞佩，与我高颉颃。"且曰："读书不到此，
不必言诗。"

中心斯须不和不乐，而鄙诈之心入之；外貌斯须不庄不

敬，而慢易之心入之与。告子不动心，是操持坚执做；孟子不动心，是明道之力。

有行古礼于其家，而其父不悦，乃至父子相非不已，遂来请教。先生云："以礼言之，吾子于行古礼，其名甚正。以实言之，则去古既远，礼文不远，吾子所行，未必尽契古礼，而且先得罪于尊君矣。丧礼与其哀不足而礼有余也，不若礼不足而哀有余也。如世俗甚不经，裁之可也，其余且可从旧。"

有县丞问先生赴任尚何时，先生曰："此来为得疾速之任之命，方欲单骑即行。"县丞因言及虏人有南牧之意，先生遽云："如此则荆门乃次边之地，某当挈家以行，未免少迟。若以单骑，却似某有所畏避也。"

临川张次房于历子赋《归去来辞》，弃官而归。杜门经岁，来见先生。先生云："近闻诸公以王谦仲故，推挽次房一出，是否？"次房云："极荷诸公此意，愧无以当之。"先生曰："何荷之云？君子之爱人也以德，细人之爱人也以姑息。凡诸公欲相推挽者，姑息之爱也。次房初归时，一二年间，正气甚盛，后来寖弱，先生教授极力推挽，是后正气复振，比年又寖衰。次房莫未至无饭吃否？若今诸公此举，事势恐亦难行，反自取辱耳。某今有一官，不能脱去得，今又令去荆门，某只得去，若窜去南海，某便着去。次房幸而无官了，而今更要出来做甚么？"次房云："恨闻言之晚，不能早谢绝之也。"

松问先生："今之学者为谁？"先生屈指数之，以傅子渊居其首，邓文范居次，傅季鲁、黄元吉又次之。且云："浙间煞有人，有得之深者，有得之浅者，有一见而得之者，有久而后得之者。广中陈去华省发伟特,惜乎此人亡矣!"

有传黄元吉别长沙陈君举,有诗送行云:"荷君来意固非轻,曾未深交意便倾。说到七篇无欠少,学从三画已分明。每嗟自昔伤标致,颇欲从今近老成。为谢荆门三益友,何时尊酒话平生?"先生切闻子渊与君举切磋,又起君举之疑,得黄元吉,君举方信子渊之学。松曰:"元吉之学,却在子渊之上。"先生曰:"元吉得老夫锻炼之力。元吉从老夫十五年,前数年病在逐外,中间数年,换入一意见窠窟去,又数年,换入一安乐窠窟去,这一二年,老夫痛加锻炼,似觉壁立无由近傍。元吉善学,不敢发问,遂诱致诸处后生来授学,却教诸生致问,老夫一一为之问剥,元吉一旦从傍忽有所省。此元吉之善学。"

先生云:"今世儒者类指佛老为异端。孔子曰:'攻乎异端。'孔子时,佛教未入中国,虽有老子,其说未著,却指那个为异端?盖异字与同字为对。虽同师尧舜,而所学异绪,与尧舜不同,此所以为异端也。"先生因儆学者攻异端曰:"天下之理,将从其简且易者而学之乎?将欲其繁且难者而学之乎?若繁且难者果足以为道,劳苦而为之可也,其实本不足以为道,学者何苦于繁难之说。简且易者,又易知易从,又信足以为道,学者何惮而不为简易之从乎?"

先生言:"万物森然于方寸之间,满心而发,充塞宇宙,无非此理。孟子就四端上指示人,岂是人心只有这四端而已?又就乍见孺子入井皆有怵惕恻隐之心一端指示人,又得此心昭然,但能充此心足矣。"乃诵:"诚者自成也,而道自道也。诚者物之终始,云云。天地之道,可一言而尽也。"

先生言:"胡季随从学晦翁,晦翁使读《孟子》。他日问季随如何解'至于心独无所同然乎'一句,季随以所见解,晦翁以为非,且谓季随读书卤莽不思。后季随思之既苦,因以致疾。晦翁乃言之曰:'然读如"雍之言然"之然,对上同听、同美、同嗜说。'"先生因笑曰:"只是如此,何不早说与他。"

先生言:"吾家治田,每用长大镢头,两次锄至二尺许。深一尺半许外,方容秧一头。久旱时,田肉深,独得不旱。以他处禾穗数之,每穗谷多不过八九十粒,少者三五十粒而已。以此中禾穗数之,每穗少者尚百二十粒,多者至二百余粒。每一亩所收,比他处一亩不啻数倍。盖深耕易耨之法如此,凡事独不然乎?"时因论及士人专事速化不根之文,故及之。

答曾宅之一书甚详。梭山一日对学者言曰:"文所以明道,辞达足矣。"意有所属也。先生正色而言曰:"道有变动,故曰爻;爻有等,故曰物;物相杂,故曰文;文不当,故吉凶生焉。昔者圣人之作《易》也,幽赞于神明而生蓍,参天两地而倚数,观变于阴阳而立卦,发挥于刚柔而生爻,和顺于道德而理于义,穷理尽性以至于命,这方是文。文不到这里,说甚文?"

松尝问梭山云:"有问松:'孟子说诸侯以王道,是行王道以尊周室?行王道以得天位?'当如何对。"梭山云:"得天位。"松曰:"却如何解后世疑孟子教诸侯篡夺之罪?"梭山云:"民为贵,社稷次之,君为轻。"先生再三称叹曰:"家兄平日无此议论。"良久曰:"旷古以来无此议论。"松曰:"伯夷不见此理。"先生亦云。松又云:"武王见得此理。"先生曰:"伏羲以来皆见此理。"

或劝先生之荆门，为委曲行道之计。答云："《仲虺》言汤之德曰：'以义制事，以礼制心。'古人通体纯是道义，后世贤者处心处事，亦非尽无礼义，特其心先主乎利害，而以礼义行之耳。后世所以大异于古人者，正在于此。古人理会利害，便是礼义；后世理会礼义，却只是利害。"

先生言："吴君玉自负明敏，至槐堂处五日，每举书句为问。随其所问，解释其疑，然后从其所晓，敷广其说，每每如此。其人再三称叹云：'天下皆说先生是禅学，独某见得先生是圣学。'然退省其私，又却都无事了。此人明敏，只是不得久与之切磋。"

先生言："重华论：'庄子不及老子者三，孟子不及孔子三，其一，不合以人比禽兽。'晦翁亦有此论。"松曰："孟子言：'人之所以异于禽兽者几希。'惟恐人之入于禽兽。'是禽兽也'，为其无君父也。'则其违禽兽不远矣'，为其夜气不足以存也。晦翁但在气象上理会，此其所以锱铢圣人之言，往往皆不可得而同也。"先生曰："使尧、舜、禹、汤、文、武、周公、孔子，七八圣人，合堂同席而居，其气象岂能尽同？我这里也说气象，但不是就外面说，乃曰：阴阳一大气，乾坤一大象。"因说："孟子之言，如'孟施舍之守气，不如曾子之守约也'，此两句却赘了。"

人生而静，天之性也，感物而动，性之欲也，是为不识艮背行庭之旨。

舜"隐恶而扬善"，说者曰："隐，藏也。"此说非是。隐，伏也,伏绝其恶,而善自扬耳。在己在人一也。"为国家者,见恶如农夫之务去草焉,芟夷蕴崇之,绝其本根,勿使能植,则善者信矣。"故君子以遏恶扬善,顺天休命也。

成汤放桀于南巢,惟有惭德。汤到这里却生一疑,此是汤之过也。故仲虺作诰曰:"惟天生民有欲,无主乃乱。惟天生聪明时乂。呜呼!谨厥终,惟其始,殖有礼,覆昏暴,钦崇天道,永保天命。"

学者问:"荆门之政何先?"对曰:"必也正人心乎。"

"人之其所亲爱而辟焉,之其所贱恶而辟焉,之其所畏敬而辟焉,之其所哀矜而辟焉,之其所敖惰而辟焉。"辟,比量也。家中以次之人,以我亲爱、贱恶,而比量之,或效之,或议之,其弊无穷,不可悉究,要其终,实不足以齐其家。

告子与孟子并驾其说于天下。孟子将破其说,不得不就他所见处细与他研磨。一次将杞柳来论,便就他杞柳上破其说;一次将湍水来论,便就他湍水上破其说;一次将生之谓性来论,又就他生之谓性上破其说;一次将仁内义外来论,又就他义外上破其说。穷究异端,要得恁地,使他无语始得。

枚卜功臣之逊,逊出于诚;汉文帝即位之逊,逊出于伪云云。及修代来功诏,称朕狐疑,唯宋昌劝朕,朕已得保宗庙,尊昌为卫将军云云。后世人主不知学,人欲横流,安知天位非人君所可得而私?

夫子没,老氏之说出,至汉而其术益行。曹参相齐,尽召长老诸先生,问所以安集百姓。而齐故儒以百数,言人人殊,参未知所定。闻胶西有盖公,善治黄老言,使人厚币请之。既见盖公,公为言治道贵清静而民自定,推此类具言之;参于是避正堂舍盖公焉。其治要用黄老术,故相齐九年,齐国安集,大称贤相。此见老氏之脉在此也。萧何薨,参入相,壹遵何为之约束。择郡县吏长,木讷于文辞,谨厚长者,即召除为丞相史;吏言文刻深,欲声名,辄斥去之。日夜饮酒不事事;见人有细过,掩匿覆盖之,府中无事。汉家之治,血脉在此。

邵尧夫诗:“一物其来有一身,一身还有一乾坤。”不如圣人说“乾知太始”。因曰:“尧夫只是个闲道人。圣人之道有用,无用便非圣人之道。”

先生一日自歌,与侄孙濬书云“道之将废,自孔孟之生,不能回天而易命”云云。又歌《柏舟》诗,松为之涕泗沾襟。少间,又歌《东皇太一》《云中君》,见松悲泣不堪,又歌曰:“萧萧马鸣,悠悠斾旌。”乃曰:“萧萧马鸣,静中有动矣;悠悠斾旌,动中有静也。”

“诚者自诚也,而道自道也。”“君子以自昭明德。”“人之有是四端,而自谓不能者,自贼者也。”暴谓“自暴”,弃谓“自弃”,侮谓“自侮”,反谓“自反”,得谓“自得”。“祸福无不自己求之者”,圣贤道一个“自”字煞好。尝言:“年十三时,复斋因看《论语》,命某近前,问云:‘看有子一章如何?’某云:‘此有子之言,非夫子之言。’先兄云:‘孔门除却曾子,便到有子,未可轻议,更思之如何?’某曰:‘夫子之言简易,有子之言支离。’”

吕伯恭为鹅湖之集,先兄复斋谓某曰:“伯恭约元晦为此集,正为学术异同,某兄弟先自不同,何以望鹅湖之同。”先兄遂与某议论致辩，又令某自说，至晚罢。先兄云："子静之说是。"次早，某请先兄说，先兄云："某无说。夜来思之，子静之说极是。方得一诗云：'孩提知爱长知钦，古圣相传只此心。大抵有基方筑室，未闻无址忽成岑。留情传注翻蓁塞，着意精微转陆沉。珍重友朋相切琢，须知至乐在于今。'"某云："诗甚佳，但第二句微有未安。"先兄云："说得恁地，又道未安，更要如何？"某云："不妨一面起行，某沿途却和此诗。"及至鹅湖，伯恭首问先兄别后新功。先兄举诗，才四句，元晦顾伯恭曰："子寿早已上子静舡了也。"举诗罢，遂致辩于先兄。某云："途中某和得家兄此诗云：'墟墓兴哀宗庙钦，斯人千古不磨心。涓流滴到沧溟水，拳石崇成泰华岑。易简工夫终久大，支离事业竟浮沉。'"举诗至此，元晦失色。至"欲知自下升高处，真伪先须辨只今"，元晦大不怿，于是各休息。翌日二公商量数十折议论来，莫不悉破其说。继日凡致辩，其说随屈。伯恭甚有虚心相听之意，竟为元晦所尼。后往南康，元晦延入白鹿讲说，因讲"君子喻于义"一章。元晦再三云："某在此不曾说到这里，负愧何言。"

先兄复斋临终云："比来见得子静之学甚明，恨不得相与切磋，见此道之大明耳。"

吾家合族而食，每轮差子弟掌库三年。某适当其职，所学大进，这方是"执事敬"。

徐仲诚请教，使思《孟子》"万物皆备于我矣，反身而诚，乐莫大焉"一章，仲诚处槐堂一月，一日问之云："仲诚思得《孟子》如何？"仲诚答曰："如镜中观花。"答云："见得仲诚也是如此。"顾左右曰："仲诚真善自述者。"因说与云："此事不在他求，只在仲诚身上。"既又微笑而言曰："已是分明说了也。"少间，仲诚因问《中庸》以何为要语。答曰："我与汝说内，汝只管说外。"良久曰："句句是要语。"梭山曰："博学之，审问之，慎思之，明辨之，笃行之，此是要语。"答曰："未知学，博学个甚么？审问个甚么？明辨个甚么？笃行个甚么？"

有学者终日听话，忽请问曰："如何是穷理尽性以至于命？"答曰："吾友是泛然问，老夫却不是泛然答。老夫凡今所与吾友说，皆是理也。穷理是穷这个理，尽性是尽这个性，至命是至这个命。"

称叹赵子新美质，谓："人莫不有夸示己能之心，子新为人称扬，反生羞愧；人莫不有好进之心，子新恬淡，虽推之不前；人皆恶人言己之短，子新惟恐人不以其失为告。群居终日，默然端坐，阴有以律夫气习之浇薄者多矣，可谓人中之一瑞，但不能进学可忧耳！"或云："年亦未壮。"答云："莫道未也，二十岁来。"一日，子新至，语之曰："莫堆堆地，须发扬。车前不能令人轩，车后不能令人轾，何不发扬？"

广中一学者陈去华，省发伟特。某因问："'吾与点也'一段，寻常如何理会？"屡问之，去华终以为理会不得。一日，又问之，去华又谓理会未得。某云："且以去华所见言之，莫也未至全然晓不得。"去华遂谓据某所见，三子只是事上着到，曾点却在这里着到。某诘之曰："向道理会不得，今又却理会得。"去华顿有省，自叙听话一月，前十日听得所言皆同，后十日所言大异，又后十日与前所言皆同，因有十诗。别后谓人曰："某方是一学者在。待归后，率南方之士，师北方之学。"
盖广中蒙钦夫之教，故以此为北方耳。

临川一学者初见，问曰："每日如何观书？"学者曰："守
规矩。"欢然问曰："如何守规矩？"学者曰："伊川《易传》，胡
氏《春秋》，上蔡《论语》，范氏《唐鉴》。"忽呵之曰："陋说！"
良久复问曰："何者为规？"又顷问曰："何者为矩？"学者但唯
唯。次日复来，方对学者诵"《乾》知太始，《坤》作成物，《乾》
以易知，《坤》以简能"一章，毕，乃言曰："《乾文言》云'大哉
乾元'，《坤文言》云'至哉坤元'，圣人赞《易》，却只是个'简
易'字道了。"遍目学者曰："又却不是道难知也。"又曰："道
在迩而求诸远，事在易而求诸难。"顾学者曰："这方唤作规
矩，公昨日来道甚规矩。"

一学者听言后，更七夜不寝。或问曰："如此莫是助长
否？"答曰："非也。彼盖乍有所闻，一旦悼平昔之非，正与血
气争寨作主。"又顾谓学者："天下之理但患不知其非，既知其
非，便即不为君子以向晦入宴息也。"

或问："吾十有五而志于学，三十而立，既有所立矣，缘何
未到四十尚有惑在？"曰："志于学矣，不为富贵贫贱患难动
心，不为异端邪说摇夺，是下工夫；至三十，然后能立；既立
矣，然天下学术之异同，人心趋向之差别，其声讹相似，似是而
非之处，到这里多少疑在？是又下工夫十年，然后能不惑矣；
又下工夫十年，方浑然一片，故曰五十而知天命。"

说君子之道孰先传一段，子游、子夏皆非。

先生感叹时俗汩没，未有能自拔者，因歌学者刘定夫《象

山诗》云："三日观山山愈妍，锦囊收拾不胜编。万山扰扰何为者，惟有云台山岿然。"又诵少时自作《大人》诗云："从来胆大胸膈宽，虎豹亿万虬龙千，从头收拾一口吞。有时此辈未妥帖，哮吼大嚼无毫全。朝饮渤澥水，暮宿昆仑巅，连山以为琴，长河为之弦，万古不传音，吾当为君宣。"又举欧阳公赠梅圣俞诗云："黄鹄刷金衣，自言能远飞，择侣异栖息，终年修羽仪，朝下玉池饮，暮宿霜桐枝，徘徊且垂翼，会有秋风时。"

有学子阅乱先生几案间文字。先生曰："有先生长者在，却不肃容正坐，收敛精神，谓不敬之甚。"

光武谓吴汉"差强人意"，"强"训"起"。

右门人严松松年所录

语录下

　　历家所谓朔虚气盈者，盖以三十日为准。朔虚者，自前合朔至后合朔，不满三十日，其不满之分，曰朔虚。气盈者，一节一气，共三十日有余分为中分，中即气也。

　　《尧典》所载惟"命羲和"一事。盖人君代天理物，不敢不重。后世乃委之星翁、历官，至于推步、迎策，又各执己见以为定法。其他未暇举，如唐一行所造《大衍历》，亦可取，疑若可以久用无差，然未十年而已变，是知不可不明其理也。夫天左旋，日月星纬右转，日夜不止，岂可执一？故汉唐之历屡变，本朝二百余年，历亦十二三变。圣人作《易》，于《革卦》言"治历明时"，观《革》之义，其不可执一明矣。

　　四岳举鲧，九载绩用弗成，而逊位之咨，首及四岳。尧不以举鲧之非而疑其党奸也，比之后世罪举主之义甚异。

　　后生看经书，须着看注疏及先儒解释，不然，执己见议论，恐入自是之域，便轻视古人。至汉唐间名臣议论，反之吾心，有甚悖道处，亦须自家有"征诸庶民而不谬"底道理，然后别白言之。

《尚书》一部,只是说德,而知德者实难。

逊志、小心,是两般。

读书固不可不晓文义,然只以晓文义为是,只是儿童之学,须看意旨所在。

《孝经》十八章,孔子于曾子践履实地中说出来,非虚言也。

惟天下之至一,为能处天下之至变;惟天下之至安,为能处天下之至危。

《大禹谟》一篇要领,只在"克艰"两字上。

学者须是有志读书,只理会文义,便是无志。

善学者如关津,不可胡乱放人过。

圣人教人,只是就人日用处开端。如孟子言徐行后长,可为尧舜。不成在长者后行,便是尧舜?怎生做得尧舜样事,须是就上面着工夫。圣人所谓吾无隐乎尔,谁能出不由户,直截是如此。

士不可不弘毅,譬如一个担子,尽力担去,前面不奈何,却住无怪。今自不近前,却说道担不起,岂有此理?故曰:"力不足者,中道而废,今女画。"

读书之法,须是平平淡淡去看,子细玩味,不可草草。所谓优而柔之,厌而饫之,自然有涣然冰释,怡然理顺底道理。

处家遇事,须着去做,若是褪头便不是。子弟之职已缺,何以谓学?

燕昭王之于乐毅,汉高帝之于萧何,蜀先主之于孔明,苻秦之于王猛,相知之深,相信之笃,这般处所不可不理会。读其书，不知其人，可乎？

燕昭之封乐毅，汉高之械系萧何，当大利害处，未免摇动此心，但有深浅。

人品之说，直截是有。只如皋陶九德，便有数等。就中即一德论之，如"刚而塞"者，便自有几般。

古今人物，同处直截是同，异处直截是异。然论异处极多，同处却约。作德便心逸日休，作伪便心劳日拙，作善便降之百祥，作不善便降之百殃。孟子言："道二，仁与不仁而已。"同处甚约。

人莫先于自知，不在大纲上，须是细腻求。

学者不长进，只是好己胜。出一言，做一事，便道全是，岂有此理？古人惟贵知过则改，见善则迁。今各自执己是，被人点破，便愕然，所以不如古人。

主于道，则欲消而艺亦可进。主于艺，则欲炽而道亡，艺亦不进。

仁自夫子发之。

不可自暴、自弃、自屈。

志小不可以语大人事。

千古圣贤，只是办一件事，无两件事。

言必信，行必果，硁硁然，小人哉，宜自考察。

退步思量，不要骛外。

"共工方鸠僝功"与"如川之方至"，此"方"字不可作"且"字看。

尧之知共工、丹朱，不是于形迹间见之，直是见他心术。

吕正字馆职策，直是失了眼目，只是术。然孟子亦激作，却不离正道。

扬子云好论中，实不知中。

《大雅》是纲，《小雅》是目，《尚书》纲目皆具。

观《书》到《文侯之命》，道已湮没，《春秋》所以作。

有所忿懥，则不足以服人；有所恐惧，则不足以自立。

志道、据德、依仁，学者之大端。

须是信得及乃可。

王文中《中说》与扬子云相若，虽有不同，其归一也。

道在天下，加之不可，损之不可，取之不可，舍之不可，要人自理会。

大纲提掇来，细细理会去，如鱼龙游于江海之中，沛然无碍。

据要会以观方来。

观《春秋》《易》《诗》《书》经圣人手，则知编《论语》者亦有病。

《中庸》言："鬼神之为德也，其盛矣乎！"夫子发明，判然甚白。

俗谚云："心坚石穿。"既是一个人，如何不打叠教灵利？

今之学者譬如行路，偶然撞着一好处便且止，觉时已不如前人，所以乍出乍入，乍明乍昏。

学者不自着实理会，只管看人口头言语，所以不能进。且如做一文字，须是反覆穷究去，不得又换思量，皆要穷到穷处，项项分明。他日或问人，或听人言，或观一物，自有触长底道理。

失了头绪，不是助长，便是忘了，所以做主不得。

《记》言后稷，其辞恭，其欲俭，只是说末。《论语》言伯夷、叔齐求仁得仁，泰伯三以天下让，殷有三仁，却从血脉上说来。

利、害、毁、誉、称、讥、苦、乐，能动摇人，释氏谓之八风。

七重铁城，私心也。私心所隔，虽思非正。小儿亦有私思。

心官不可旷职。

太阳当天，太阴五纬，犹自放光芒不得，那有魑魅魍魉来。

"小德川流，大德敦化"：小德即大德，大德即小德，发强、刚毅、齐庄、中正，皆川流也。敦，厚；化，变化。

"皇极之君，敛时五福，锡厥庶民。"福如何锡得？只是此理充塞乎宇宙。

溺于俗见，则听正言不入。

知道则末即是本，枝即是叶。又曰：有根则自有枝叶。

上达下达，即是喻义喻利。

人情物理上做工夫。

老子曰："大道甚夷而民好径。"

辩便有进。

须是下及物工夫，则随大随小有济。

天下若无着实师友，不是各执己见，便是恣情纵欲。

三百篇之诗，有出于妇人女子，而后世老师宿儒且不能注解得分明，岂其智有所不若？只为当时道行、道明。

韩退之言："轲死不得其传。"固不敢诬后世无贤者，然直是至伊洛诸公，得千载不传之学，但草创未为光明，到今日若不大段光明，更干当甚事？

"大衍之数五十，其用四十有九。分而为二以象两，挂一以象三，揲之以四以象四时，归奇于扐以象闰。五岁再闰，故再扐而后挂。"既分为二，乃挂其一于前。挂，别也，非置之指间也。既别其一，却以四揲之，余者谓之奇，然后归之扐。扐，指间也。故一揲之余，不四则八，再揲三揲之余，亦不四则八。四，奇也；八，偶也。故三揲而皆奇，则四四四，有《乾》之象。三揲而皆偶，则八八八，有《坤》之象。三揲而得两偶一奇，则四八八，有《艮》之象；八四八，有《坎》之象；八八四，有《震》之象。三揲而得两奇一偶，则八四四，有《兑》之象；四八四，有《离》之象；四四八，有《巽》之象。故三奇为老阳，三偶为老阴，两偶一奇为少阳，两奇一偶为少阴。老阴老阳变，少阴少阳不变。分、挂、揲、归奇是四节，故曰："四营而成《易》。"挂有六爻，每爻三揲，三六十八，故曰"十有八变而成卦"。右《揲蓍说》。

右门人周清叟廉夫所录

先生语伯敏云："近日向学者多，一则以喜，一则以惧。夫人勇于为学，岂不可喜？然此道本日用常行，近日学者却把作一事，张大虚声，名过于实，起人不平之心，是以为道学之说者，必为人深排力诋。此风一长，岂不可惧？"

某之取人，喜其忠信诚悫，言似不能出口者。谈论风生，他人所取者，某深恶之。

因论补试得失，先生云："今之人易为利害所动，只为利害之心重。且如应举，视得失为分定者能几人？往往得之则喜，失之则悲。惟曹立之、万正淳、郑学古庶几可不为利害所动。故学者须当有所立，免得临时为利害所动。"朱季绎云："如敬肆义利之说，乃学者持己处事所不可无者。"先生云："不曾行得，说这般闲言长语则甚？如此不已，恐将来客胜主，以辞为胜。然使至此，非学者之过，乃师承之过也。"朱云："近日异端邪说害道，使人不知本。"先生云："如何？"朱云："如禅家之学，人皆以为不可无者，又以谓形而上者所以害道，使人不知本。"先生云："吾友且道甚底是本？又害了吾友甚底来？自不知己之害，又乌知人之害？包显道常云'人皆谓禅是人不可无者'，今吾友又云'害道'，两个却好缚作一束。今之所以害道者，却是这闲言语。曹立之天资甚高，因读书用心之过成疾，其后疾与学相为消长。初来见某时，亦是有许多闲言语，某与之荡涤，则胸中快活明白，病亦随减。迨一闻人言语，又复昏蔽。所以昏蔽者，缘与某相聚日浅。然其人能自知，每昏蔽则复相过，某又与之荡涤，其心下又复明白。与讲解，随听即解。某问：'比或有疑否？'立之云：'无疑。每常自读书，亦见得到这般田地，只是不能无疑，往往自变其说。'某云：'读书不可晓处，何须苦思力索？如立之天资，思之至，固有一个安排处。但恐心下昏蔽，不得其正，不若且放下，时复涵泳，似不去理会而理会。所谓优而柔之，使自求之，厌而饫之，使自趋之，若江海之浸，膏泽之润，涣然冰释，怡然理顺，然后为得也。'如此相聚一两旬而归，其病顿减。其后因秋试，闻人闲言语，又复昏惑。又适有告之以某乃释氏之学，渠平生恶释老如仇雠，于是尽叛某之说，却凑合得元晦说话。后不相见，以至于死。"因问伯敏云："曾闻此等语否？"伯敏云："未之。"先生语朱云："他却未有许多闲言语，且莫要坏了李敏求，且听某与他说。大凡为学须要有所立，《语》云：'己欲立而立人。'卓然不为流俗所移，乃为有立。须思量天之所以与我者是甚底？为复是要做人否？理会得这个明白，然后方可谓之学问。故孟子云：'学问之道，求其放心而已矣。'如博学、审问、明辨、慎思、笃行，亦谓此也。此须是有志方可。孔子曰：'吾十有五而志于学。'是这个志。"伯敏云："伯敏于此心，能刚制其非，只是持之不久耳。"先生云："只刚制于外，而不内思其本，涵养之功不至。若得心下明白正当，何须刚制？且如在此说话，使忽有美色在前，老兄必无悦色之心。若心常似如今，何须刚制？"

先生语缪文子云："近日学者无师法，往往被邪说所惑。异端能惑人，自吾儒败绩，故能入。使在唐虞之时，道在天下，愚夫愚妇，亦皆有浑厚气象，是时便使活佛、活老子、庄、列出来，也开口不得。惟陋儒不能行道，如人家子孙，败坏父祖家风，故释老却倒来点检你。如庄子云：'以智治国，国之贼。'惟是陋儒，不能行所无事，故被他如此说。若知者行其所无事，如何是国之贼？今之攻异端者，但以其名攻之，初不知自家自被他点检，在他下面，如何得他服。你须是先理会了我底是，得有以使之服，方可。"

学者先须不可陷溺其心，又不当以学问夸人。夸人者，必为人所攻。只当如常人，见人不是，必推恻隐之心，委曲劝谕之，不可则止。若说道我底学问如此，你底不是，必为人所攻。兼且所谓学问者，自承当不住。某见几个自主张学问，某问他："你了得也未？"他心下不稳，如此则是学乱说，实无所知。如此之人，谓之痼疾不可治。宁是纵情肆欲之人，犹容易与他说话，最是学一副乱说底，没奈他何。此只有两路：利欲，道义。不之此，则之彼。

人须是闲时大纲思量：宇宙之间，如此广阔，吾身立于其中，须大做一个人。文子云："某尝思量我是一个人，岂可不为人，却为草木禽兽？"先生云："如此便又细了，只要大纲思。且如'天命之谓性'，天之所以命我者，不殊乎天，须是放教规模广大。若寻常思量得，临事时自省力，不到得被陷溺了。"文子云："某始初来见先生，若发蒙然。再见先生，觉心不快活，凡事亦自持，只恐到昏时自理会不得。"先生云："见得明时，何持之有？人之于耳，要听即听，不要听则否，于目亦然，何独于心而不由我乎？"

先生语伯敏云："人惟患无志，有志无有不成者。然资禀厚者，必竟有志。吾友每听某之言如何？"伯敏曰："每闻先生之言，茫然不知所入。幼者听而弗问，又不敢躐等。"先生云："若果有志，且须分别势利道义两途。某之所言，皆吾友所固有。且如圣贤垂教，亦是人固有。岂是外面把一件物事来赠吾友？但能悉为发明：天之所以予我者，如此其厚，如此其贵，不失其所以为人者耳。"伯敏问云："日用常行，去甚处下工夫？"先生云："能知天之所以予我者至贵至厚，自然远非僻，惟正是守。且要知我之所固有者。"伯敏云："非僻未尝敢为。"先生云："不过是硬制在这里，其间有不可制者，如此将来亦费力，所以要得知天之予我者。看吾友似可进，缘未曾被人闲言语所惑，从头理会，故易入。盖先入者为主，如一器皿，虚则能受物，若垢污先入，后虽欲加以好水亦费力。如季绎之学驳杂，自主张学问，却无奈何。"

　　伯敏问云："以今年校之去年，殊无寸进。"先生云："如何要长进？若当为者有时而不能为，不当为者有时乎为之，这个却是不长进。不恁地理会，泛然求长进，不过欲以己先人，此是胜心。"伯敏云："无个下手处。"先生云："古之欲明明德于天下者，先治其国；欲治其国者，先齐其家；欲齐其家者，先修其身；欲修其身者，先正其心；欲正其心者，先诚其意；欲诚其意者，先致其知；致知在格物。格物是下手处。"伯敏云："如何样格物？"先生云："研究物理。"伯敏云："天下万物不胜其繁，如何尽研究得？"先生云："万物皆备于我，只要明理。然理不解自明，须是隆师亲友。"伯敏云："此间赖有季绎，时相勉励。"先生云："季绎与显道一般，所至皆勉励人，但无根者多，其意似欲私立门户，其学为外不为己。世之人所以攻道学者，亦未可全责他。盖自家骄其声色，立门户与之为敌，哓哓胜口实，有所未孚，自然起人不平之心。某平日未尝为流俗所攻，攻者却是读语录精义者。程士南最攻道学，人或语之以某，程云：'道学如陆某，无可攻者。'又如学中诸公，义均骨肉，盖某初无胜心，日用常行，自有使他一个敬信处。某旧日伊洛文字不曾看，近日方看，见其间多有不是。今人读书，平易处不理会,有可以起人羡慕者,则着力研究。古先圣人,何尝有起人羡慕者? 只是此道不行,见有奇特处,便生羡慕。自周末文弊,便有此风。如唐虞之时,人人如此,又何羡慕? 所以庄周云:'臧与谷共牧羊,而俱亡其羊。问臧奚事? 曰:博塞以游。问谷奚事? 曰:挟策读书。其为亡羊一也。'某读书只看古注,圣人之言自明白。且如'弟子入则孝,出则弟',是分明说与你入便孝,出便弟,何须得传注。学者疲精神于此,是以担子越重。到某这里,只是与他减担,只此便是格物。"伯敏云:"每读书,始者心甚专,三五遍后,往往心不在此。知其如此,必欲使心在书上,则又别生一心。卒之方寸扰扰。"先生云:"此是听某言不入,若听得入,自无此患。某之言打做一处,吾友二三其心了。如今读书,且平平读,未晓处且放过,不必太殢。"

　　缪文子资质亦费力,慕外尤殢,每见他退去,一似不能脱罗网者。天之所以予我者,至大、至刚、至直、至平、至公,如此私小做甚底人? 须是放教此心,公平正直。无偏无党,王道荡荡;无党无偏,王道平平;无反无侧,王道正直。某今日作包显道书云:"古人之学,不求声名,不较胜负,不恃才智,不矜功能。今人之学,正坐反此耳。"

　　读介甫书,见其凡事归之法度,此是介甫败坏天下处。尧舜三代虽有法度,亦何尝专恃此。又未知户马、青苗等法果合尧舜三代否? 当时辟介甫者无一人就介甫法度中言其失,但云"喜人同己","祖宗之法不可变"。夫尧之法,舜尝变之;舜之法,禹尝变之。祖宗法自有当变者,使其所变果善,何嫌于同？古者道德一，风俗同，至当归一，精义无二，同古者适所以为美。惜乎无以此辟之，但云"祖宗法不可变"，介甫才高，如何便伏？惟韩魏公论青苗法云："将欲利民，反以害民。"甚切当。或言介甫不当言利；夫《周官》一书，理财者居半，冢宰制国用，理财正辞，古人何尝不理会利？但恐三司等事，非古人所谓利耳。不论此，而以言利遏之，彼岂无辞？所以率至于无奈他何处。或问："介甫比商鞅何如？"先生云："商鞅是脚踏实地，他亦不问王霸，只要事成，却是先定规模。介甫慕尧舜三代之名，不曾踏得实处，故所成就者，王不成，霸不就。本原皆因不能格物，模索形似，便以为尧舜三代如此而已。所以学者先要穷理。"

后生自立最难，一人力抵当流俗不去，须是高着眼看破流俗方可。要之，此岂小廉曲谨所能为哉？必也豪杰之士。胡丈因举晦翁语云："豪杰而不圣人者有之，未有圣人而不豪杰者也。"先生云："是。"

问作文法，先生云："读《汉》《史》、韩、柳、欧、苏、尹师鲁、李淇水文不误。后生惟读书一路，所谓读书，须当明物理，揣事情，论事势。且如读史，须看他所以成，所以败，所以是，所以非处。优游涵泳，久自得力。若如此读得三五卷，胜看三万卷。"

问伯敏云："作文如何？"伯敏云："近日读得《原道》等书，犹未成诵，但茫然无入处。"先生云："《左传》深于韩柳，未易入，且读苏文可也。此外别有进否？吾友之志要如何？"伯敏云："所望成人，目今未尝敢废防闲。"先生云："如何样防闲?"伯敏云:"为其所当为。"先生云:"虽圣人不过如是。但吾友近来精神都死,却无向来矗矗之意,不是懈怠,便是被异说坏了。夫人学问,当有日新之功,死却便不是。邵尧夫诗云:'当锻炼时分劲挺,到磨砻处发光辉。'磨砻锻炼,方得此理明,如川之增,如木之茂,自然日进无已。今吾友死守定,如何会为所当为。博学、审问、慎思、明辨、笃行,博学在先,力行在后。吾友学未博,焉知所行者是当为,是不当为? 防闲,古人亦有之,但他底防闲与吾友别。吾友是硬把捉;告子硬把捉,直到不动心处,岂非难事? 只是依旧不是。某平日与兄说话,从天而下,从肝肺中流出,是自家有底物事,何常硬把捉。吾兄中间亦云有快活时,如今何故如此?"伯敏云:"固有适意时,亦知自家固有根本,元不待把捉,只是不能久。防闲稍宽,便为物欲所害。"先生云:"此则罪在不常久上,却如何硬把捉? 种种费力,便是有时得意,亦是偶然。"伯敏云:"却常思量不把捉,无下手处。"先生云:"何不早问? 只此一事是当为不当为。当为底一件大事不肯做,更说甚底? 某平日与老兄说底话,想都忘了。"伯敏云:"先生常语以求放心、立志,皆历历可记。"先生云:"如今正是放其心而不知求也,若果能立,如何到这般田地?"伯敏云:"如何立?"先生云:"立是你立,却问我如何立? 若立得住,何须把捉? 吾友分明是先曾知此理来,后更异端坏了。异端非佛老之谓,异乎此理,如季绎之徒,便是异端。孔门惟颜曾传道,他未有闻。盖颜曾从里面出来,他人外面入去。今所传者,乃子夏、子张之徒,外入之学。曾子所传,至孟子不复传矣。吾友却不理会根本,只理会文字。实大声宏，若根本壮，怕不会做文字？今吾友文字自文字，学问自学问，若此不已，岂止两段？将百碎。”问：“近日日用常行觉精健否？胸中快活否？”伯敏云：“近日别事不管，只理会我亦有适意时。”先生云：“此便是学问根源也。若能无懈怠，暗室屋漏亦如此，造次必于是，颠沛必于是，何患不成？故云：‘君子以自昭明德。’古之欲明明德于天下者，在致其知，致知在格物。古之学者为己，所以自昭其明德。己之德已明，然后推其明以及天下。鼓钟于宫，声闻于外，鹤鸣于九皋，声闻于天，在我者既尽，亦自不能掩。今之学者，只用心于枝叶，不求实处。孟子云：‘尽其心者知其性，知其性则知天矣。’心只是一个心，某之心，吾友之心，上而千百载圣贤之心，下而千百载复有一圣贤，其心亦只如此。心之体甚大，若能尽我之心，便与天同。为学只是理会此‘诚者自成也，而道自道也’，何尝腾口说？”伯敏云：“如何是尽心？性、才、心、情如何分别？”先生云：“如吾友此言，又是枝叶。虽然，此非吾友之过，盖举世之弊。今之学者读书，只是解字，更不求血脉。且如情、性、心、才，都只是一般物事，言偶不同耳。”伯敏云：“莫是同出而异名否？”先生曰：“不须得说，说着便不是，将来只是腾口说，为人不为己。若理会得自家实处，他日自明。若必欲说时，则在天者为性，在人者为心。此盖随吾友而言，其实不须如此。只是要尽去为心之累者，如吾友适意时，即今便是。‘牛山之木’一段，血脉只在仁义上。‘以为未尝有材焉’，‘此岂山之性也哉’，‘此岂人之情也哉’，是偶然说及，初不须分别。所以令吾友读此者，盖欲吾友知斧斤之害其材，有以警戒其心。'日夜之所息',息者,歇也,又曰生息。盖人之良心为斧斤所害,夜间方得歇息。若夜间得息时,则平旦好恶与常人甚相远。惟旦昼所为,梏亡不止,到后来夜间亦不能得息,梦寐颠倒,思虑纷乱,以致沦为禽兽。人见其如此,以为未尝有才焉,此岂人之情也哉?只与理会实处,就心上理会。俗谚云:'痴人面前不得说梦。'又曰:'狮子咬人,狂狗逐块。'以土打狮子,便径来咬人,若打狗,狗狂,只去理会土。圣贤急于教人,故以情、以性、以心、以才说与人,如何泥得?若老兄与别人说,定是说如何样是心,如何样是性、情与才。如此分明说得好,划地不干我事,须是血脉骨髓理会实处始得。凡读书皆如此。"又问养气一段,先生云:"此尤当求血脉,只要理会'我善养吾浩然之气'。当吾友适意时,别事不理会时,便是'浩然'。'养而无害,则塞乎天地之间','是集义所生者,非义袭而取之也',盖孟子当时与告子说。告子之意,'不得于言,勿求于心',是外面硬把捉的。要之亦是孔门别派,将来也会成,只是终不自然。孟子出于子思,则是涵养成就者,故曰'是集义所生者',集义只是积善。'行有不慊于心则馁矣',若行事不当于心,如何得浩然?此言皆所以辟告子。"又问养勇异同,先生云:"此只是比并。北宫用心在外,正如告子'不得于言勿求于心';施舍用心在内,正如孟子'行有不慊于心则馁矣'。而施舍又似曾子,北宫又似子夏。谓之似者,盖用心内外相似,非真可及也。孟子之言,大抵皆因当时之人处己太卑,而视圣人太高。不惟处己太卑,而亦以此处人,如'是何足与言仁义也'之语可见。不知天之予我者,其初未尝不同。

如'未尝有才焉'之类,皆以谓才乃圣贤所有,我之所无,不敢承当着。故孟子说此乃人人都有,自为斧斤所害,所以沦胥为禽兽。若能涵养此心,便是圣贤。读《孟子》须当理会他所以立言之意,血脉不明,沉溺章句何益?"

伯敏尝有诗云:"纷纷枝叶谩推寻,到底根株只此心。莫笑无弦陶靖节,个中三叹有遗音。"先生首肯之。呈所编《语录》,先生云:"编得也是,但言语微有病,不可以示人,自存之可也。兼一时说话有不必录者,盖急于晓人,或未能一一无病。"时朱季绎、杨子直、程敦蒙先在坐,先生问子直:"学问何所据?"云:"信圣人之言。"先生云:"且如一部《礼记》,凡'子曰'皆圣人言也,子直将尽信乎,抑其间有拣择?"子直无语。先生云:"若使其都信,如何都信得? 若使其拣择,却非信圣人之言也。人谓某不教人读书,如敏求前日来问某下手处,某教他读《旅獒》《太甲》,《告子》'牛山之木'以下,何尝不读书来? 只是比他人读得别些子。"

右门人李伯敏敏求所录

学者须是弘毅,小家相底得人憎。小者,他起你亦起,他看你亦看,安得宽弘沉静者一切包容? 因论争名之流,皆不济事。

因论傅圣谟无志,甘与草木俱腐,曰:"他甘得如此,你还能否?"因言居士极不喜狂者,云最败风俗,只喜狷者,故自号又次居士。先生云:"此言亦有味。"

因论子才不才事,曰:"居移气,养移体。今之学者出世俗笼络亦不得,况能居天下之广居?"

寻常懈怠起时,或读书史,或诵诗歌,或理会一事,或整肃几案笔砚,借此以助精彩。然此是凭物,须要识破。因问去懈怠,曰:"要须知道'不可须臾离'乃可。"

此是大丈夫事,么么小家相者,不足以承当。

问杨云:"多时有退步之说,不知曾果退否? 若不退,丝毫许牵得住。前辈大量的人,看有甚大小? 大事他见如不见,闻如不闻。今人略有些气焰者,多只是附物,元非自立也。若某则不识一个字,亦须还我堂堂地做个人。"

诸处论学者次第,只是责人,不能行去。

老夫无所能,只是识病。

天民如伊尹之类。

问:"作书攻王顺伯,也不是言释,也不是言儒,惟理是从否?"曰:"然。"

杨敬仲不可说他有禅,只是尚有气习未尽。

因说薛象先,不可令于外面观人,能知其底里了,外面略可观验。

"唐虞之间,不如洙泗",此语不是。

轮对第一札,读"太宗"起头处,上曰:"君臣之间,须当如此。"答:"陛下云云,天下幸甚。"读"不存形迹"处,上曰:"赖得有所悔。"连说:"不患无过,贵改过之意甚多。"答:"此为尧、为舜、为禹汤、为文武血脉骨髓,仰见圣学。"读入本日处,先乞奏云:"臣愚蠢如此。"便读"疆土未复""生聚教训"处,上曰:"此有时。"辞色甚壮。答:"如十年生聚,十年教训,此有甚时? 今日天下贫甚,州贫、县贫、民贫。"其说甚详,上无说。读第二札论道,上曰:"自秦汉而下,无人主知道。"甚有自负之意,其说甚多说禅。答:"臣不敢奉诏,臣之道不如此,生聚教训处便是道。"读第三札论知人,上曰:"人才用后见。"答:"要见之于前意思。"志其辞。上又曰:"人才用后见。"后又说:"此中有人云云。"答:"天下未知云云,天下无人才,执政大臣未称陛下使令。"上默然。读第四札,上赞叹甚多。第五札所陈甚多。下殿五六步,上曰:"朕不在详处做工夫,只在要处秉笏立听。"不容更转对。后王谦仲云,渠每常转对,恐小官不比渠侍从也。

事有难易。定夫初来,恐难说话,后却听得入,觉得显道昆仲说话难,予力辩之。先生曰:"显道隐藏在。"然予于此一路亦时起疑,以为人在一处,理在一处。后又解云:"只是未相合。"然终是疑。才闻先生说,即悟得大意,曰:"道遍满天下,无些小空阙。四端万善,皆天之所予,不劳人妆点。但是人自有病,与他间隔了。"又云:"只一些子重便是病。"又云:"只一些轻亦是病。"予于此深有省。

见道后,须见得前时小陋。君子所贵乎道者三,说得道字好,动容貌,出辞气,正颜色。其道如此,须是暴慢自远,鄙倍自远。

人之所以病道者:一资禀,二渐习。

道大,人自小之;道公,人自私之;道广,人自狭之。

予因说道难学,今人才来理会此,便是也不是,何故?

以其便以此在胸中作病了。予却能知得这些子，见识议论作病，亦能自说。先生曰："又添得一场闲说话。一实了，万虚皆碎。"

尚追惟论量前此所见，便是此见未去。

予举荀子《解蔽》"远为蔽，近为蔽，轻为蔽，重为蔽"之类，说好。先生曰："是好，只是他无主人。有主人时，近亦不蔽，远亦不蔽，轻重皆然。"

其他体尽有形，惟心无形，然何故能摄制人如此之甚？

若是圣人，亦逗一些子精彩不得。

平生所说，未尝有一说。

廓然、昭然、坦然、广居、正位、大道、安宅、正路，是甚次第？却反旷而弗居，舍而弗由，哀哉！

旧罪不妨诛责，愈见得不好；新得不妨发扬，愈见得牢固。

因说定夫旧习未易消，若一处消了，百处尽可消。予谓晦庵逐事为他消不得。先生曰："不可将此相比，他是添。"

大世界不享，却要占个小蹊小径子；大人不做，却要为小儿态；可惜！

小心翼翼，昭事上帝，上帝临汝，无贰尔心，战战兢兢，那有闲管时候。

典，常也；宪，法也；皆天也。

要常践道，践道则精明。一不践道，便不精明，便失枝落节。

如何容人力做？乐循理，谓之君子。

小心翼翼，心小而道大。大人者，与天地合其德，与日月合其明，与四时合其序，与鬼神合其吉凶。

吾有知乎哉？晦庵言谦辞，又来这里做个道理。

今一切去了许多缪妄劳攘，磨硋去圭角，浸润著光精，与天地合其德云云，岂不乐哉？

成孝敬，厚人伦，美教化，移风俗。

存养是主人，检敛是奴仆。家兄所闻：考索是奴仆。

如今人只是去些子凡情不得，相识还如不相识云云，始是道人心。

详道书好，文字亦好。纯人专，不中不远。

汲黯秉彝厚，黄老学不能汩。

上是天，下是地，人居其间。须是做得人，方不枉。

道大岂是浅丈夫所能胜任。敏道言资禀，因举"君子不谓命也"一段。

今且未须去理会其他，且分别小大轻重。

行状贬剥赞叹人，须要有道，班固不如马迁。

人为学甚难，天覆地载，春生夏长，秋敛冬肃，俱此理。人居其间要灵，识此理如何解得。

人不辨个小大轻重，无鉴识，些小事便引得动心，至于天来大事却放下著。

不爱教小人以艺，常教君子以艺。盖君子得之，不以为骄，不得不以为歉。小人得以为咨，败常乱教。

"吾十有五而志于学"，今千百年无一人有志也。是怪他不得，志个甚底？须是有智识，然后有志愿。

人要有大志。常人汩没于声色富贵间，良心善性都蒙蔽了。今人如何便解有志？须先有智识始得。

有一段血气，便有一段精神。有此精神，却不能用，反以害之。非是精神能害之，但以此精神，居广居，立正位，行大道。

见一文字，未可轻易问是如何，何患不晓。

守规矩，孜孜持守，规行矩步，不妄言语。

铁剑利，则倡优拙。

有理会不得处，沉思痛省。一时间如此，后来思得明时，便有亨泰处。

今人欠个精专不得。

人精神千种万般，夫道一而已矣。

有懒病，也是其道有以致之。我治其大而不治其小，一正则百正。恰如坐得不是，我不责他坐得不是，便是心不在道。若心在道时，颠沛必于是，造次必于是，岂解坐得不是？只在勤与惰、为与不为之间。

人之资质不同，有沉滞者，有轻扬者。古人有韦、弦之义，固当自觉，不待人言。但有恣纵而不能自克者，有能自克而用功不深者。

人当先理会所以为人，深思痛省，枉自汩没虚过日月。朋友讲学，未说到这里。若不知人之所以为人，而与之讲学，遗其大而言其细，便是放饭流歠而问无齿决。若能知其大，虽轻，自然反轻归厚。因举一人恣情纵欲，一知尊德乐道，便明洁白直。

商君所说帝王,皆是破说。

因循亦好,因其事,循其理。

见理未明,宁是放过去,不要起炉作灶。

正言正论,要使长明于天下。

古之君子,知固贵于博。然知尽天下事,只是此理。所以博览者,但是贵精熟。知与不知,元无加损于此理。若以不知为慊,便是鄙陋。以不知为歉,则以知为泰,今日之歉,乃他日之泰。

君子虽多闻博识,不以此自负。

要当轩昂奋发,莫恁他沉埋在卑陋凡下处。

此理在宇宙间,何尝有所碍?是你自沉埋,自蒙蔽,阴阴地在个陷阱中,更不知所谓高远底。要决裂破陷阱,窥测破个罗网。

诛锄荡涤,慨然兴发。

激厉奋迅,决破罗网,焚烧荆棘,荡夷污泽。

世不辨个小大轻重,既是埋没在小处,于大处如何理会得?

志于声色利达者,固是小;剿摸人言语的,与他一般是小。

若能自立后,论汲黯便是如此论,论董仲舒便是如此论。

自得,自成,自道,不倚师友载籍。

理只在眼前,只是被人自蔽了。因一向误证他,日逐只是教他做工夫,云不得只如此。见在无事,须是事事物物不放过,磨考其理。且天下事事物物只有一理,无有二理,须要到其至一处。

傅圣谟说："一人启事有云：'见室而高下异，共天而寒暑殊。'"先生称意思好。圣谟言："文字体面大，不小家。"先生云："某只是见此好，圣谟有许多说话。"

问："子路死之非，只合责当时不合事辄。"曰："此是去册子上看得来底。乱道之书成屋，今都滞在其间。"后云："子路死是甚次第！"

你既乱道了，如何更为你解说？泥里洗土块，须是江汉以濯之。

居移气，养移体，今其气一切不好云云。

这里是刀锯鼎镬底学问。

人须是力量宽洪，作主宰。

习气　识见凡下　奔名逐利　造次

尽欢　乐在其中　咏归　履冰

问："颜鲁公又不曾学，如何死节如此好？"曰："便是今人将学、将道看得太过了，人皆有秉彝。"

包牺氏至黄帝，方有人文，以至尧舜三代，今自秦一切坏了，至今吾辈，盍当整理。

先生与李尉曼卿言："今人多被科举之习坏。"又举与汤监言："风俗成败，系君子小人穷达，亦系幸不幸，皆天也。然亦由在上之人。"

人无不知爱亲敬兄，及为利欲所昏便不然。欲发明其事，止就彼利欲昏处指出，便爱敬自在。此是唐虞三代实学，与后世异处在此。

人精神在外，至死也劳攘，须收拾作主宰。收得精神在内时，当恻隐即恻隐，当羞恶即羞恶，谁欺得你？谁瞒得你？见得端的后，常涵养，是甚次第！

勿无事生事。

儆戒无虞，罔失法度，罔游于逸，罔淫于乐，至哉！真圣人学也。

把捉二字不佳，不如说固执。

克己，三年克之，颜子又不是如今人之病要克，只是一些子未释然处。

要知尊德乐道，若某不知尊德乐道，亦被驱将去。

诸子百家，说得世人之病好，只是他立处未是；佛老亦然。

邑中讲说，闻者无不感发。独朱益伯鹘突来问，答曰："益伯过求，以利心听，故所求在新奇玄妙。"

积思勉之功，旧习自除。

择善固执，人旧习多少，如何不固执得？

知非则本心即复。

人心只爱去泊着事，教他弃事时，如鹘孙失了树，更无住处。

既知自立，此心无事时，须要涵养，不可便去理会事。如子路使子羔为费宰，圣人谓："贼夫人之子。"学而优则仕，盖未可也。初学者能完聚得几多精神，才一霍便散了。某平日如何样完养，故有许多精神难散。

予因随众略说些子闲话，先生少项曰："显道今知非否？"

某答曰："略知。"先生曰："须要深知，略知不得。显道每常爱说闲话。"

学者要知所好。此道甚淡，人多不知好之，只爱事骨董。君子之道，淡而不厌。朋友之相资，须助其知所好者，若引其逐外，即非也。

人皆可以为尧舜。此性此道，与尧舜元不异，若其才则有不同。学者当量力度德。

初教董元息自立，收拾精神，不得闲说话，渐渐好，后被教授教解《论语》，却反坏了。

人不肯心闲无事，居天下之广居，须要去逐外，着一事，印一说，方有精神。

惟精惟一，须要如此涵养。

无事时，不可忘小心翼翼，昭事上帝。

老子为学、为道之说，非是。如某说，只云："著是而去非，舍邪而适正。"

有道无道之人，有才无才与才之高下，为道之幸不幸，皆天也。

我无事时，只似一个全无知无能底人。及事至方出来，又却似个无所不知、无所不能之人。

朱济道说："前尚勇决，无迟疑，做得事。后因见先生了，临事即疑恐不是，做事不得。今日中只管悔过惩艾，皆无好处。"先生曰："请尊兄即今自立，正坐拱手，收拾精神，自作主宰。万物皆备于我，有何欠阙？当恻隐时自然恻隐，当羞恶时自然羞恶，当宽裕温柔时自然宽裕温柔，当发强刚毅时自然发强刚毅。"

无思无为，寂然不动，感而遂通天下之故。

恶能害心，善亦能害心。如济道是为善所害。

心不可汩一事，只自立心。人心本来无事，胡乱被事物牵将去。若是有精神，即时便出便好。若一向去，便坏了。

人不肯只如此，须要有个说话。今时朋友尽须要个说话去讲。

后生有甚事？但遇读书不晓便问，遇事物理会不得时便问，并与人商量，其他有甚事？

自家表里内外如一。

因说金溪苏知县资质好，亦甚知尊敬。然只是与他说得大纲话，大紧要处说不得。何故？盖为他三四十年父兄师友之教，履历之事几多，今胸中自有主张了，如何掇动得他？须是一切掇动铲除了，方得如格。君亦须如此。然如吏部格法，如何动得他？

朱济道说："临川从学之盛，亦可喜。"先生曰："某岂不爱人人能自立，人人居天下之广居，立天下之正位？立乎其大者，而小者弗能夺。然岂能保任得朝日许多人在此相处？一日新教授堂试，许多人皆往，只是被势驱得如此。若如今去了科举，用乡举里选法，便不如此。如某却爱人试也好，不试也好，得也好，不得也好。今如何得人尽如此？某所以忧之，过于济道。所悯小民被官吏苦者，以彼所病者在形，某之所忧人之所病者在心。"

与济道言："风俗驱人之甚，如人心不明，如何作得主宰？

吾人正当障百川而东之。"

先生曰："某闲说话皆有落着处，若无谓闲说话，是谓不敬。"

某与济道同事，济道亦有不喜某处，以某见众人说好，某说不好，众人说不好，某解取之。

某与人理会事，便是格君心之非事。

举徐子宜云："与晦庵月余说话，都不讨落着；与先生说话，一句即讨落着。"

说济道滞形泥迹，不能识人，被人瞒。

济道问："智者术之原，是否？"曰："不是。伏羲画卦，文王重之，孔子系之，天下之理，无一违者，圣人无不照烛，此智也，岂是术？"因说："旧曾与一人处事，后皆效。彼云：'察见渊鱼不祥，如何？'曰：'我这里制于未乱，保于未危，反祸为福，而彼为之者，不知如何为不祥？'"

因举许昌朝集朱吕《学规》在金溪教学，一册，月令人一观，固好，然亦未是。某平时未尝立学规，但常就本上理会，有本自然有末。若全去末上理会，非惟无益。今既于本上有所知，可略略地顺风吹火，随时建立，但莫去起炉作灶。

做得工夫实，则所说即实事，不话闲话，所指人病即实病。因举午间一人问房使善两国讲和，先生因赞叹不用兵全得几多生灵，是好；然吾人皆士人，曾读《春秋》，知中国夷狄之辨，二圣之仇，岂可不复？所欲有甚于生，所恶有甚于死，今吾人高居无事，优游以食，亦可为耻，乃怀安非怀义也。此皆是实理实说。

事外无道，道外无事。皋陶求禹言，禹只举治水所行之事，外此无事。禹优入圣域，不是不能言，然须以归之皋陶。如疑知人之类，必假皋陶言之。

显仲问云："某何故多昏？"先生曰："人气禀清浊不同，只自完养，不逐物，即随清明，才一逐物，便昏眩了。显仲好悬断，都是妄意。人心有病，须是剥落。剥落得一番，即一番清明，后随起来，又剥落，又清明，须是剥落得净尽方是。"

人心有消杀不得处，便是私意，便去引文牵义，牵枝引蔓，牵今引古，为证为靠。

既无病时好读书，但莫去引起来。

恺侄问："乍宽乍紧，乍明乍昏，如何？"曰："不要紧，但莫懈怠。紧便不是，宽便是；昏便不是，明便是。今日十件昏，明日九件，后日又只八件，便是进。"

语显仲云："风恬浪静中，滋味深长。人资性长短虽不同，然同进一步则皆失，同退一步则皆得。"问傅季鲁："如何而通？如何而塞？"因曰："某明时直是明，只是懈怠时即塞。若长鞭策，不懈怠，岂解有塞？然某才遇塞时，即不少安，即求出。若更藉朋友切磋求出，亦钝甚矣，所以淹没人。只朋友说闲话之类，亦能淹人。某适被显仲说闲话，某亦随流，不长进亦甚。然通时说事亦通，塞时皆塞。"

写字须一点是一点，一画是一画，不可苟。

龁鸡终日萦萦，无超然之意。须是一刀两断，何故萦萦如此？萦萦底讨个甚么？

仰首攀南斗，翻身倚北辰，举头天外望，无我这般人。

今有难说处,不近前来底又有病,近前来底又有病。世俗情欲底人病却不妨,只指教他去彼就此,最是于道理中鹘突不分明人难理会。某平生怕此等人,世俗之过却不怕。

旧横截人太甚,如截周成之后,当不得无成。今皆不然,以次第进之。有大力量者,然后足以当其横截,即有出路。

教小儿,须发其自重之意。

予问能辩朱事。曰:"如何辩?"予曰:"不得受用。"曰:"如此说便不得,彼亦可受用,只是信此心未及。"又曰:"只今明白时,便不须更推如何如何。"又曰:"凡事只过了,更不须滞滞泥泥。子渊却不如此,过了便了,无凝滞。"

区处得多少事,并应对人,手中亦读得书。

问:"二兄恐不知先生学问旨脉?"曰:"固是前日亦尝与朱济道说,须是自克却,方见得自家旧相信时亦只是虚信,不是实得见。"

我只是不说一,若说一,公便爱。平常看人说甚事,只是随他说,却只似个东说西说底人。我不说一,杨敬仲说一,尝与敬仲说箴他。

凡事莫如此滞滞泥泥,某平生于此有长,都不去着他事,凡事累自家一毫不得。每理会一事时,血脉骨髓都在自家手中。然我此中却似个闲闲散散全不理会事底人,不陷事中。

详道如昨日言定夫时,宏大磊落。常常如此时好,但莫被枝叶累倒了。须是工夫孜孜不懈乃得,若稍懈,旧习又来。

君子之道,淡而不厌。淡味长,有滋味便是欲。人不爱淡,却只爱闹热。人须要用不肯不用,须要为不肯不为。盖器有大小,有大大器底人自别。

算稳底人好,然又无病生病。勇往底人好,然又一概去了。然勇往底人较好,算稳底人有难救者。

定夫举禅说:"正人说邪说,邪说亦是正;邪人说正说,正说亦是邪。"先生曰:"此邪说也。正则皆正,邪则皆邪,正人岂有邪说?邪人岂有正说?此儒释之分也。"

古人朴实头,明播种者主播种,明乐者主乐,欲学者却学他,然长者为主。又其为主者自为主,其为副者自为副,一切皆有一定,不易不争。

宿无灵骨,在师友处有所闻,又不践履去,是谓无灵骨。又云:人皆可以为尧舜,谓无灵骨,是谓厚诬。

后生随身规矩不可失。

道可谓尊,可谓重,可谓明,可谓高,可谓大。人却不自重,才有毫发恣纵,便是私欲,与此全不相似。

法语正如雷阳,巽语正如风阴。人能于法语有省时好,于巽语有省,未得其正,须思绎。《诗·雅》,正、变《风》,便是巽意,《离骚》又其次也。《变风》无《骚》意,此又是屈原立此,出于有所碍,不得已。后世作《诗·雅》,不得只学《骚》。

兵书邪说。道塞乎天地,以正伐邪,何用此?须别邪正。

小心翼翼,昭事上帝,上帝临汝,无贰尔心。此理塞宇宙,如何由人杜撰得?文王敬忌,若不知此,敬忌个甚?

见季尉,因说:"大率人多为举业所坏。渠建宁人,尤溺于此。取人当先行义,考试当先理致,毋以举业之靡者为上。"

大丈夫事岂当儿戏?

自立自重，不可随人脚跟，学人言语。

四端皆我固有，全无增添。

说本朝官制，蔡元通所论乱道。

江泰之问："某每惩忿窒欲，求其放心，然能暂而不能久。请教。"答曰："但惩忿窒欲，未是学问事。便惩窒得全无后，也未是学。学者须是明理，须是知学，然后说得惩窒。知学后惩窒，与常人惩窒不同。常人惩窒只是就事就末。"

孟子言学问之道求放心，是发明当时人。当时未有此说，便说得；孟子既说了，下面更注脚，便不得。

今上重明节九月四日早，先生就精舍庭前，朱衣象笏，向北四拜，归精舍坐，四拜。问之，答曰："必有所尊，非有已也。太守上任拜厅。"

学者大率有四样：一、虽知学路，而恣情纵欲，不肯为；一、畏其事大且难而不为；一、求而不得其路；一、未知路而自谓能知。

学能变化气质。

大人凝然不动，不如此，小家相。

先生云："某每见人，一见即知其是不是，后又疑其恐不然，最后终不出初一见。"

道塞天地，人以自私之身与道不相入。人能退步自省，自然相入。唐虞三代教化行，习俗美，人无由自私得。后以裁成天地之道，辅相天地之宜，以左右民。今都相背了，说不得。

高底人不取物，下人取物，粘于物。

资禀好底人阔大，不小家相，不造作，闲引惹他都不起不动,自然与道相近。资禀好底人,须见一面,自然识取,资禀与道相近。资禀不好底人,自与道相远,却去锻炼。

东坡论《嗣征》甚好,自《五子之歌》推来。顾命陈设,是因成王即位,流言所致,此召公之非不任道,流俗之情也。周之道微,此其一也。又"尔有嘉谋嘉猷,则入告尔后于内,尔乃顺之于外曰:斯谋斯猷,惟我后之德",此二也。

旧尝通张于湖书于建康,误解了《中庸》,谓"魏公能致广大而不能尽精微,极高明而不能道中庸",乃成两截去了。又尝作《高祖无可无不可论》,误解了《书》,谓"人心,人伪也;道心,天理也",非是。人心,只是说大凡人之心。惟微,是精微,才粗便不精微,谓人欲天理,非是。人亦有善有恶,天亦有善有恶,日月蚀、恶星之类。岂可以善皆归之天,恶皆归之人?此说出于《乐记》,此说不是圣人之言。

与小后生说话,虽极高极微,无不听得,与一辈老成说便不然。以此见道无巧,只是那心不平底人揣度便失了。

学者须是打叠田地净洁,然后令他奋发植立;若田地不净洁,则奋发植立不得。古人为学即"读书然后为学"可见。然田地不净洁,亦读书不得;若读书,则是假寇兵,资盗粮。

凡所谓不识不知,顺帝之则,晏然太平,殊无一事,然却有说擒搦人不下,不能立事,却要有理会处。某于显道,恐不能久处此间。且令涵养大处,如此样处未敢发。然某皆是逐事逐物考究练磨,积日累月,以至如今,不是自会,亦不是别有一窍子,亦不是等闲理会,一理会便会;但是理会与他人别。某从来勤理会,长兄每四更一点起时,只见某在看书,或检书,或默坐。常说与子侄，以为勤，他人莫及。今人却言某懒，不曾去理会，好笑。

侍登鬼谷山，先生行泥途二三十里，云："平日极惜精力，不轻用，以留有用处，所以如今如是健。"诸人皆困不堪。

观山，云："佳处草木皆异，无俗物，观此亦可知学。"

天地人之才等耳，人岂可轻？人字又岂可轻？有中说无，无中说有之类，非儒说。

因提公昨晚所论事，只是胜心。风平浪静时，都不如此。

先生说数、说揲蓍，云："蓍法后人皆误了，吾得之矣。"

一行数妙甚，聪明之极，吾甚服之，却自僧中出。僧持世有《历法》八卷。

君子役物，小人役于物。夫权皆在我，若在物，即为物役矣。

举柳文乎、欤、邪之类，说乎、欤是疑，又是赞叹。"不亦说乎"是赞叹，"其诸异乎人之求之欤"是赞叹，《孟子·杞柳章》一欤、一也，皆疑。

我说一贯，彼亦说一贯，只是不然。天秩、天叙、天命、天讨，皆是实理，彼岂有此？

后生全无所知底，似全无知，一与说却透得，为他中虚无事。彼有这般意思底，一切被这些子隔了，全透不得，此虚妄最害人。

过、不及，有两种人。胸中无他，只一味懈怠沉埋底人，一向昏俗去，若起得他却好，只是难起，此属不及。若好妄作人，一切隔了，此校不好，此属过。人凝重阔大底好，轻薄小相底不好。

槐云："着意重便惊疑。"答："有所重便不得。"举《孟子》勿忘勿助长。

优裕宽平，即所存多，思虑亦正。求索太过，即存少，思虑亦不正。

重滞者难得轻清，刊了又重。须是久在师侧，久久教他轻清去。若自重滞，如何轻清得人？

黄百七哥今甚平夷闲雅，无营求，无造作，甚好。其资与其所习似不然，今却如此，非学力而何？

人之精爽，负于血气，其发露于五官者安得皆正？不得明师良友剖剥，如何得去其浮伪，而归于真实？又如何得能自省、自觉、自剥落？

数即理也，人不明理，如何明数？

"神以知来，智以藏往。"神，蓍也；智，卦也，此是人一身之蓍。

某自来非由乎学，自然与一种人气相忤。才见一造作营求底人，便不喜；有一种冲然淡然底人，便使人喜，以至一样衰底人，心亦喜之。年来为不了事底，方习得稍不喜，见退淡底人，只一向起发他。

某从来不尚人起炉作灶，多尚平。

因见众人所为，亦多因他。然亦有心知其为非，不以为是，有二三年不说破者。如此不为则已，一为必中。此虽非中，然与彼好生事不中底人相去悬绝。于事则如此多不为，至于文章，必某自为之。文章岂有太过人？只是得个恰好。他人未有伦叙,便做得好,只是偶然。又云:文章要煅炼。

《诗小序》,解诗者所为。"天下荡荡",乃因"荡荡上帝",序此尤谬可见者。

曾参、高柴、漆雕开之徒是不及之好者,曾晳是过之好者,师过商不及是过不及之不好者。

"人而不为《周南》《召南》,其犹正墙面而立也",学者第一义。"古之欲明明德于天下者",此是第二。孔子志学便是志此,然须要有入处,《周南》《召南》便是入处。后生无志难说,此与《秦誓》"其心休休"一章相应。《周南》《召南》好善不厌,《关雎》《鹊巢》皆然。人无好善之心便皆自私,有好善之心便无私,便人之有技若己有之。今人未必有他心,只是无志,便不好善。乐正子好善,孟子喜而不寐,又不是私于乐正子。

因曾见一大鸡,凝然自重,不与小鸡同,因得《关雎》之意。雎鸠在河之洲,幽闲自重,以比兴君子美人如此之美。

文以理为主,荀子于理有蔽,所以文不雅驯。

"风以动之,教以化之。"风是血脉,教是条目。

夫子曰:"由!知德者鲜矣。"要知德。皋陶言:"亦行有九德",然后乃言曰:"载采采。"事固不可不观,然毕竟是末。自养者亦须养德,养人亦然。自知者亦须知德,知人亦然。不于其德而徒绳检于其外,行与事之间,将使人作伪。

韩文有作文蹊径,《尚书》亦成篇,不如此。

后生精读古书文。

《汉书·食货志》后生可先读,又着读《周官·考工记》。

又云：后生好看《系辞》，皆赞叹圣人作《易》。

后生好看《子虚》《上林赋》，皆以字数多，后来好工夫不及此。

文才上二字一句，便要有出处。使《六经》句，不谓之偷使。

学者不可翻然即改，是私意，此不长进。

五日画一水，十日画一松。若不如此，胡乱做。

某观人不在言行上，不在功过上，直截是雕出心肝。

人生天地间，如何不植立？

穷究磨炼，一朝自省。

因问："黎师侯诗，不是理明义精，只是揩磨得之，所以不能言与人。"曰："此便是平生爱图度样子，只是他不能言，你又岂知得他是如此？"

定夫挟一物不放，胡做。

荆公求必，他人不必求。

佛老高一世人，只是道偏不是。

周康叔来问学，先生曰："公且说扶渡子讼事来。"曾充之来问学，先生曰："公且说为谁打关节来。"只此是学。

又无事尚解忘，今当机对境，乃不能明。

小人儒，为善之小人，士诚小人哉。

谨致念，大凡多随资禀，一致思便能出。

因说详道旧问云："心都起了，不知如何在求道。德成而上，艺成而下，行成而先，事成而后，今人之性命只在事艺末上。"彭世昌云："只是不识轻重大小。"先生笑曰："打入廖家牛队里去了,因吴显道与诸公说风水。"

禅家话头不说破之类,后世之谬。

"继之者善也",谓一阴一阳相继。

精读书,著精采警语处,凡事皆然。

某今亦教人做时文,亦教人去试,亦爱好人发解之类,要晓此意是为公,不是私。

凡事只看其理如何,不要看其人是谁。

说晦翁云:"莫教心病最难医。"

内无所累,外无所累,自然自在,才有一些子意便沉重了。彻骨彻髓,见得超然,于一身自然轻清,自然灵。

大凡文字,才高超然底,多须要逐字逐句检点他。才稳文整底,议论见识低,却以古人高文拔之。

本分事熟后,日用中事全不离。此后生只管令就本分事用工,犹自救不暇,难难。教他只就本分事,便就日用中事,又一切忘了本分事,难难。精神全要在内,不要在外,若在外,一生无是处。但如奖一小人,亦不可谓今要将些子意思奖他;怒一小人,亦不可谓今要将些子意思怒他,都无事此。只要当奖即奖,当怒即怒,吾亦不自知。若有意为之,便是私,感畏人都不得。

我这里有扶持,有保养,有摧抑,有挨挫。

韩文章多见于墓志、祭文,洞庭汗漫,粘天无壁。柳祭吕化光文章妙。

古人精神不闲用,不做则已,一做便不徒然,所以做得事成。须要一切荡涤,莫留一些方得。

某平生有一节过人,他人要会某不会,他人要做某不做。

莫厌辛苦,此学脉也。

不是见理明,信得及,便安不得。

因阴晴不常,言人之开塞。若无事时有塞,亦未害,忽有故而塞,须理会方得。

不可戏谑,不可作乡谈。人欲起不肖破败意,必先借此二者发之。某七八岁时常得乡誉,只是庄敬自持,心不爱戏。故小年时皆无侣,袜不破,指爪长。后年十五六,觉与人无徒,遂稍放开。及读三国六朝史,见夷狄乱华,乃一切剪了指爪,学弓马,然胸中与人异,未尝失了。后见人收拾者,又一切古执去了,又不免教他稍放开。此处难,不收拾又不得,收拾又执。这般要处,要人自理会得。

截然无议论词说蹊径,一说又一就说,即(编者注:即原作节)不是。此事极分明,若迟疑,则犹未。

大凡文字,宁得人恶、得人怒,不可得人羞、得人耻,与晦庵书不是,须是直凑。

道在迩而求诸远,事在易而求诸难。只就近易处,着着就实,无尚虚见,无贪高务远。

随身规矩,是后生切要,莫看先生长者,他老练,但只他人看,你莫看,他人笑,你莫笑。所谓非礼勿视,非礼勿听。

管仲学老子亦然。

老衰而后佛入。

不专论事论末,专就心上说。

论严泰伯云:"只是一个好胜。见一好事做近前,便做得亦不是,事好心却不好。"

老氏见周衰名胜,故专攻此处而申其说,亡羊一也。

一是即皆是,一明即皆明。

指显仲剩语多,曰:"须斩钉截铁。"

因看诸人下象棋,曰:"凡事不得胡乱轻易了,又不得与低底下,后遇敌手便惯了,即败。狮子捉象捉兔,皆用全力。"

其发若机括,其司是非之谓也;其留如诅盟,其守胜之谓也。庄子势阻则谋,计得则断。先生旧尝作小经,云意似《庄子》。

王遇子合问:"学问之道何先?"曰:"亲师友,去己之不美也。人资质有美恶,得师友琢磨,知己之不美而改之。"子合曰:"是,请益。"不答。先生曰:"子合要某说性善性恶,伊洛释老,此等话不副其求,故曰是而已。吾欲其理会此说,所以不答。"

右包扬显道所录

阜民癸卯十二月初见先生,不能尽记所言。大旨云:"凡欲为学,当先识义利公私之辨。今所学果为何事?人生天地间,为人自当尽人道。学者所以为学,学为人而已,非有为也。"又云:"孔门弟子如子夏、子游、宰我、子贡,虽不遇圣人,亦足号名学者,为万世师。然卒得圣人之传者,柴之愚,参之鲁。盖病后世学者溺于文义,知见缴绕,蔽惑愈甚,不可入道耳。"阜民既还邸,遂尽屏诸书。及后来疑其不可,又问。先生曰:"某何尝不教人读书,不知此后煞有甚事?"

某方侍坐，先生遽起，某亦起。先生曰："还用安排否？"

先生举"公都子问钧是人也"一章云："人有五官，官有其职，某因思是便收此心，然惟有照物而已。"他日侍坐无所问，先生谓曰："学者能常闭目亦佳。"某因此无事则安坐瞑目，用力操存，夜以继日。如此者半月，一日下楼，忽觉此心已复澄莹。中立窃异之，遂见先生。先生目逆而视之曰："此理已显也。"某问先生："何以知之？"曰："占之眸子而已。"因谓某："道果在迩乎？"某曰："然。昔者尝以南轩张先生所类洙泗言仁书考察之，终不知仁，今始解矣。"先生曰："是即知也，勇也。"某因言而通，对曰："不惟知勇，万善皆是物也。"先生曰："然，更当为说存养一节。"

先生曰："读书不必穷索，平易读之，识其可识者，久将自明，毋耻不知。子亦见今之读书谈经者乎？历叙数十家之旨而以己见终之。开辟反覆，自谓究竟精微，然试探其实，固未之得也，则何益哉？"

乙巳十二月，再入都见先生。坐定，曰："子何以束缚如此？"因自吟曰："翼乎如鸿毛遇顺风，沛乎若巨鱼纵大壑，岂不快哉？"既而以所记管窥诸语请益。一二日，再造。先生曰："夜来与朋友同看来，却不是无根据说得出来。自此幸勿辍录，他日亦可自验。"

某尝问："先生之学亦有所受乎？"曰："因读《孟子》而自得之。"

右门人詹阜民子南所录

　　昔者先生来自金邑，率僚友讲道于白鹿洞，发明"君子喻于义，小人喻于利"一章之旨，且喻人之所喻由其所习，所习由其所志，甚中学者之病。义利之说一明，君子小人相去一间，岂不严乎？苟不切己观省，与圣贤之书背驰，则虽有此文，特纸上之陈言耳。括苍高先生有言曰："先生之文如黄钟大吕，发达九地，真启洙泗邹鲁之秘，其可不传耶？"

黄元吉

荆 州 日 录

　　为学患无疑，疑则有进。孔门如子贡即无所疑，所以不至于道。孔子曰："女以予为多学而识之者欤？"子贡曰："然。"往往孔子未然之，孔子复有非与之问。颜子仰之弥高，末由也已，其疑非细，甚不自安，所以其殆庶几乎？

　　学问须论是非，不论效验。如告子先孟子不动心，其效先于孟子，然毕竟告子不是。

　　君子贤其贤而亲其亲，小人乐其乐而利其利，俱是一义。皆主"不忘而言"，"仁者见之谓之仁，智者见之谓之智"之义。

　　"人道敏政"，言果能尽人道，则政必敏矣。

　　《洪范》"有猷"是知道者，"有为"是力行者，"有守"是守而不去者，曰"予攸好德"，是大有感发者。

　　三德、六德、九德，是通计其德多少。三德可以为大夫，六德可以为诸侯，九德可以王天下。翕受即是九德咸事，敷施乃大施于天下。

“《履》，德之基”，是人心贪欲恣纵，《履卦》之君子，以辩上下，定民志，其志既定，则各安其分，方得尊德乐道。“《谦》，德之柄”，谓染习深重，则物我之心炽，然谦始能受人以虚，而有入德之道矣。

九畴之数：一六在北，水得其正。三八在东，木得其正。惟金火易位，谓金在火乡，火在金乡，而木生火。自三上生至九，自二会生于九，正得二数，故火在南。自四至七，亦得四数，故金在西。

一变而为七，七变而为九，谓一与一为二、一与二为三、一与三为四、一与四为五、一与五为六，五者数之祖，既见五则变矣。二与五为七，三与五为八，四与五为九，九复变而为一。卦阴蓍阳，八八六十四，七七四十九，终万物始万物而不与，乃是阴事将终，阳事复始。《艮》，鼓万物而不与圣人同忧，道何尝有忧，既是人，则必有忧乐矣。精神不运则愚，血气不运则病。

孟氏没，吾道不得其传。而老氏之学始于周末，盛于汉，迨晋而衰矣。老氏衰而佛氏之学出焉，佛氏始于梁达磨，盛于唐，至今而衰矣。有大贤者出，吾道其兴矣夫！

独汉武帝不用黄老，于用人尚可与。

汤放桀，武王伐纣，即“民为贵，社稷次之，君为轻”之义。孔子作《春秋》之言亦如此。

王沂公曾论丁谓，似出私意，然志在退小人，其脉则正矣。迹虽如此，于心何愧焉？

学问不得其纲，则是二君一民。等是恭敬，若不得其纲，则恭敬是君，此心是民；若得其纲，则恭敬者乃保养此心也。

蓍用七七，少阳也。卦用八八，少阴也。少阳少阴，变而用之。

棋所以长吾之精神，瑟所以养吾之德性。艺即是道，道即是艺，岂惟二物，于此可见矣。

有己则忘理，明理则忘己。"艮其背，不见其身；行其庭，不见其人"，则是任理而不以己与人参也。

"事父孝，故事天明，事母孝，故事地察"，是学已到田地，自然如此，非是欲去明此而察此也。"明于庶物，察于人伦"亦然。

"《复》，小而辨于物"，小谓心不粗也。

"在明明德，在亲民"，皆主于"在止于至善"。

《皋陶谟》《洪范》《吕刑》，乃传道之书。

四岳举丹朱、举鲧等，于知人之明，虽有不足，毕竟有德。故尧欲逊位之时，必首曰："汝能庸命逊朕位。"

皋陶明道，故历述知人之事。孟子曰："我知言。"夫子曰："不知言，无以知人也。"

"诚则明，明则诚"，此非有次第也，其理自如此。"可欲之谓善"，"知至而意诚"亦同。有志于道者，当造次必于是，颠沛必于是。凡动容周旋，应事接物，读书考古，或动或静，莫不在时。此理塞宇宙，所谓道外无事，事外无道。舍此而别有商量，别有趋向，别有规模，别有形迹，别有行业，别有事功，则与道不相干，则是异端，则是利欲为之陷溺，为之窠臼。说即是邪说,见即是邪见。

"君子之道费而隐",费,散也。

释氏谓此一物,非他物故也,然与吾儒不同。吾儒无不该备,无不管摄,释氏了此一身,皆无余事,公私义利于此而分矣。

《系辞》卦有大小,阴小阳大。

"言天下之至赜而不可恶也",虽诡怪阖辟,然实有此理,且亦不可恶也。

"言天下之至动而不可乱也",天下有不可易之理故也。"吉凶者,正胜者也。"《易》使人趋吉避凶,人之所为,当正而胜凶也。

"必也使无讼乎?"至明然后知人情物理,使民无讼之义如此。

天理人欲之分论极有病。自《礼记》有此言,而后人袭之。《记》曰:"人生而静,天之性也;感于物而动,性之欲也。"若是,则动亦是,静亦是,岂有天理物欲之分? 若不是,则静亦不是,岂有动静之间哉?

矶,钓矶也。"不可矶",谓无所措足之地也,无所措手足之义。

"可坐而致也"是疑辞,与"邪"字同义。

人各有所长,就其所长而成就之,亦是一事。此非拘儒曲士之所能知,惟明道君子无所陷溺者能达此耳。

矶之类如学为士者必能作文,随其才,虽有工拙,然亦各极其至而已。

　　与朋友切磋，贵乎中的，不贵泛说，亦须有手势。必使其人去灾病，解大病，洒然豁然，若沉疴之去体，而濯清风也。若我泛而言之，彼泛而听之，其犹前所谓杜撰名目，使之持循是也。

　　"鸢飞戾天，鱼跃于渊，言其上下察也。"只缘理明义精，所以于天地之间，一事一物，无不著察。"仰以观象于天，及万物之宜"，惟圣者然后察之如此其精也。

　　孔门高弟，颜渊、闵子骞、冉伯牛、仲弓、曾参之外，惟南宫适、宓子贱、漆雕开近之，以敏达、捷给、才智、慧巧论之，安能望宰我、子贡、冉有、季路、子游、子夏也哉？惟其质实诚朴，所以去道不远。如南宫适问禹稷躬稼而有天下，最是朴实。孔子不答，以其默当于此心，可外无言耳。所以括出赞之云。

　　"语大，天下莫能载焉。"道大无外，若能载，则有分限矣。"语小，天下莫能破焉。"一事一物，纤悉微末，未尝与道相离。天地之大也，人犹有所憾，盖天之不能尽地所以为，地不能尽天之所职。

　　自形而上者言之谓之道，自形而下者言之谓之器。天地亦是器，其生覆形载必有理。

　　"六十而耳顺"，知见到矣；"七十而从心所欲不逾矩"，践行到矣。颜子未见其止，乃未能臻此也。

　　生知，盖谓有生以来，浑无陷溺，无伤害，良知具存，非天降之才尔殊也。

　　汉唐近道者：赵充国、黄宪、杨绾、段秀实、颜真卿。

　　王肃、郑康成谓《论语》乃子贡、子游所编，亦有可考者。

如《学而篇》子曰次章，便载有若一章，又子曰而下，载曾子一章，皆不名而以子称之。盖子夏辈平昔所尊者，此二人耳。

不践迹，谓已知血脉之人，不拘形着迹，然亦未造阃奥。乐正子在此地位，人能明矣，然乍纵乍警，骤明忽暗，必至于有诸己然后为得也。

孔子十五而志于学，是已知道时矣。虽有所知，未免乍出乍入，乍明乍晦，或警或纵，或作或辍。至三十而立，则无出入、明晦、警纵、作辍之分矣，然于事物之间未能灼然分明见得。至四十始不惑；不惑矣，未必能洞然融通乎天理矣，然未必纯熟。至六十而所知已到，七十而所行已到。事不师古，率由旧章，学于古训，古训是式。所法者，皆此理之，非徇其迹，仿其事。

博学、审问、慎思、明辨，始条理也。如金声而高下、隆杀、疾徐、疏数，自有许多节奏。到力行处，则无说矣，如玉振，然纯一而已。知至知终，皆必由学，然后能至之终之。所以孔子学不厌，发愤忘食。《易》与天地准"，"至神无方而易无体"，皆是赞《易》之妙用如此。"一阴一阳之谓道"，乃泛言天地万物皆具此阴阳也。"继之者善也"，乃独归之于人。"成之者性也"，又复归之于天，天命之谓性也。

切磋之道，有受得尽言者，有受不得者。彼有显过大恶，苟非能受尽言之人，不必件件指摘他，反无生意。

王道荡荡平平，无偏无倚。伯夷、伊尹、柳下惠圣则圣矣，终未底于荡荡平平之域。

重卦而为六十四，分三才。初、二，地也，初地下，二地上。

三、四，人也，三人下，四人上。五、六，天也，五天下，六天上。一生二，二生三，三生万物。

先儒谓《屯》之初九如高贵乡公，得之矣。

《蒙》："再三渎，渎则不告。"非发之人，不以告于蒙者也。为蒙者，未能专意相向，乃至再三以相试探，如禅家云盗法之人，终不成器。一有此意，则志不相应，是自渎乱，虽与之言终不通解，与不告同也。

八卦之中，惟《乾》《坤》《坎》《离》不变，倒而观之，亦是此卦。外四卦则不然。

学问若有一毫夹带，便属私小而不正大，与道不相似矣。仁之于父子固也，然以舜而有瞽叟，命安在哉？故舜不委之于命，必使底豫允若，则有性焉，岂不于此而验？

元吉自谓智昧而心粗。先生曰："病固在此，本是骨凡。学问不实，与朋友切磋不能中的，每发一论，无非泛说，内无益于己，外无益于人，此皆己之不实，不知要领所在。遇一精识，便被他胡言汉语压倒，皆是不实。吾人可不自勉哉？"

格物者，格此者也。伏羲仰象俯法，亦先于此尽力焉耳。不然，所谓格物，末而已矣。

颜子仰高钻坚之时，乃知枝叶之坚高者也，毕竟只是枝叶。学问于大本既正，而万微不可不察。

规矩严整，为助不少。